松下幸之助
川端康成
本田宗一郎
長谷川町子
正力松太郎
吉田　茂
古賀政男
黒澤　明
古橋廣之進
白井義男
栃錦
若乃花
石原裕次郎
松本清張
司馬遼太郎
王　貞治
長嶋茂雄
山田洋次
渥美　清
青木　功
羽生善治
野茂英雄
イチロー
錦織　圭

あの頃日本人は輝いていた

時代を変えた24人

池井　優

芙蓉書房出版

はしがき

「臨時ニュースを申し上げます。帝国陸海軍は本八日未明西太平洋上において米英軍と戦闘状態に入れり……」

ラジオから流れる臨時ニュースで日米開戦を知ったのは、六歳、小学校二年の時であった。戦争が長引き、東京への空襲が激化すると「学童疎開」によって親元を離れ、信州の寒村の寺で集団生活を送ることになった。食べ物も十分でなく、田舎の子に「おめえ、生意気だ。ラジオとおなじ言葉をしゃべる」といじめられた。当時標準語は地方では違和感があったのだ。

昭和二十年（一九四五年）八月十五日、「玉音放送」を聞いたのはお寺の本堂であった。戦争に負けた悔しさより東京に帰れる喜びの方が大きかった。疎開先から戻った東京は焼け野原だった。ジープに乗った米兵に群がる女たち、闇市の雑踏、そして再開された授業でまずやったのが教科書に墨を塗り、切り取ることだった。新しい教科書が間に合わず、古い教科書の軍国主義的な記述の箇所は墨を塗って消すか、鋏で切り取って使用したのだ。「鬼畜米英」、「神州不滅」と教わっていた価値観がひっくり返ったのだった。

「日本は一体どうなるのか」、こども心に心配だった。楽しみはラジオから流れるクイズや歌謡曲、野球や相撲の中継放送であり、〝カムカム英語〟で本場の発音を知り、すきっ腹を抱えながら国民学校から名称を小学校に戻した教室に戻り、「民主主義」を学んだ。

そうした占領の時代にあって吉田茂が「戦争で負けて外交で勝った歴史はある」と、米ソ対立―冷戦を利用しながら着々と戦後復興を進めていたことを知ったのはずっと後のことであった。

「六三制野球ばかりが上手くなり」と川柳で皮肉られた新制中学時代を経て、高校から大学に進学する頃から経済白書が書いた「もはや戦後ではない」時代に入り、食糧も豊かになり文化面でもようやく日本は余裕を取り戻していった。映画は松竹の小津、東宝の黒澤から日活が石原裕次郎を起用し、映画プラス主題歌で一世を風靡した。野球は長嶋の登場により、プロ野球が国民的スポーツとなった。ラジオに代わってテレビが居間の主役となり、受像機も白黒からカラーとなり、電気洗濯機も各家庭に入るようになった。

大学から大学院に進学、アメリカへ留学したのは、東京オリンピックを十月に控えた昭和三十九年（一九六四年）一月のことであった。はじめて乗った飛行機の洋式トイレに戸惑い、ロサンゼルスでフリーウエイを時速一〇〇キロで疾走する大型車に驚愕した。当時、日本の一般家庭では和式の汲み取り式便所であり、車は信号で止まるものだったのである。日本と比較してアメリカはなにもかもスケールが大きく、豊かだった。

一年の留学を終えて帰国した日本はオリンピックを経て大きく変わっていた。東海道新幹線、東名高速、首都高速が開通し、トイレは水洗に変わり、なにより日本人は自信を持ち始めた。

池田首相の唱えた「皆さんの収入を二倍にして差し上げます」の所得倍増論も実現に向かい、経済大国への道を歩んでいった。

大学で幕末の開国から一九八〇年代までの日本外交史を講義し、六十五歳で定年を迎えて他大学への出講も終わり、NHK文化センター、慶應出身の女性の集まり婦人三田会、かってのガールフレンド（いまはバールフレンドとなった）などを集めて毎月第二水曜日に設定した「二水会」などでもっぱら年輩の方を相手に講義したり、勉強会を開いたりする機会が増えた。というより、健康維持とぼけ防止のため知的好奇心を失わないよう好んでそうした場に参加するようにしたのだ。

そこで取り上げたのは、専門の外交史のトピックのみならず、日本を指導した、あるいは庶民に夢を与え、勇気づけた多くの人物であった。政界から吉田茂、財界から松下幸之助、メディア関係から正力松太郎、スポーツの世界から水泳の古橋廣之進、大相撲の栃錦・若乃花、ゴルフの青木功、プロ野球の王・長嶋、大リーグの野茂とイチロー、テニスの錦織圭、文学では川端康成、司馬遼太郎と松本清張、芸術では映画界から黒澤明、山田洋次と渥美清、さらに漫画界からサザエさんの長谷川町子、芸能界から石原裕次郎などその生い立ちや挫折と失敗を繰り返しながら成功するストーリーを数々のエピソードを交えて紹介すると「へー、そうだったんですか、そんなことがあったんですか」と大変興味と関心を示してくれた。

自伝を読み、関係者の著書やエッセイをチェックし、当時の新聞や雑誌記事に当たるとともに、山田洋次・渥美清を取り上げるなら葛飾柴又の帝釈天と「寅さん記念館」、長谷川町子とサザエさんは世田谷の「長谷川町子美術館」、小樽の「石原裕次郎記念館」、代々木上原の「古賀政男音楽博物館」を訪れ、ゆかりの地に接し、館員の方の話を聞き、パンフレットをもらってくるなど活字から得た知識を体験やインタビューで補うことにした。

戦後ラジオから流れる歌謡曲やクイズ番組を懐かしみ、「七人の侍」を見た興奮を思い出し、司馬遼太郎の「坂の上の雲」を読み通した時の満足感にひたり、王・長嶋のプロ野球に夢中になった頃に立ち返り「輝いていた日本人」を取り上げて、一項目ずつ書き進める作業は楽しかった。

本書を手に取った方はそれぞれの思い出や体験と合わせて読んでくだされば幸いである。

平成二十九年(二〇一七年)十一月

池井 優

あの頃日本人は輝いていた◎目次

松下幸之助と電化製品

ものをつくり、人をつくる

松下幸之助《まつしたこうのすけ》（一八九四～一九八九）
パナソニック（旧松下電器産業）グループ創業者。
和歌山県に生まれ、九歳で単身大阪に出て船場の商家で奉公。二十三歳で松下電気器具製作所を創業。一九三五年に株式会社組織に改め松下電器産業に改称。戦前、戦後を通じて独自の理念と手腕で事業を飛躍的に発展させたことで「経営の神様」と言われた。

❖ 松下幸之助の生い立ち

大阪の表玄関は梅田、その梅田駅から阪神電車で二駅、野田駅前の商店街を進むと町工場が点在している。「松下幸之助創業の地　第一次本店・印刷工場跡」の看板の矢印に沿って歩いていくと、かって本店のあった場所は公園になっていた。そこには「道」と題する幸之助の言葉を掲げた「創業の地」の記念碑が立っている。

広い時もある　せまい時もある
のぼりもあれば　くだりもある

まさに松下幸之助の生涯は、この言葉のように波乱万丈の九十四年であった。

世の中には学歴がなくても出世した人物は多い。しかし、小学校に四年までしかいかず、もちろん卒業することなく「小学校中退」で、日本はおろか世界に通用する経営者に上り詰めたのは松下幸之助以外にはない。

幸之助は日清戦争が勃発した明治二十七年（一八九四年）和歌山県に生まれた。八人兄弟の三男であった。家は地主でかなりの資産家、何ひとつ不自由ない環境が激変したのは、父が米相場に手を出して失敗したからであった。土地も家も手放し、幸之助は尋常小学校を中退し、単身大阪に丁稚奉公に出されることになった。船場の商家でさまざまな体験を通じて商売のこつと礼儀作法を学んだ。のちに幸之助は「船場大学を出た」と語ったほどであった。

明治四十三年（一九一〇年）、大阪で市電の全市開通が実現した。「これからは電気の時代や」、市電を見た途端、幸之助は直観した。当時、小僧として大阪の自転車屋で働く十五歳の少年に過ぎなかった。機械いじりが得意でセールスもやる幸之助に辞められては困ると自転車の主人から強く引き留められたが、思い切って退職、電気関係に転職しようとしたが、うまくいかない。仕方なくセメント会社の臨時運搬工をやるが、この時痛感したのは自分は体が丈夫でなく、体力を使う仕事は無理だということだった。

やがて、待望の大阪電燈に内線見習工として入社した。各家庭を回って一軒一軒に電灯を付ける、海水浴場に点滅イルミネーションを設置する、新世界の通天閣を電灯で飾る……何より楽しかった。配線工をやりながら夜間の関西商工学校に通ったが、一年あまりで中退した。小学校に四年までしかいかず丁稚奉公に出た幸之助は満足にノートが取れなかったのだ。漢字の学習はもっぱら講談本からだった。太閤記、猿飛佐助など難しい漢字にはルビが振ってあり、そこから知識を得ていった。講談本から得たのは漢字だけではなかった。英雄は人をどのように使ったか、論功行賞はどうしたかなど書いてあったから、それを活かして後に経営に当てはめる勉強にもなった。

❖ 独立と画期的な自転車ランプの開発、そしてラジオ受信機へ

二十二歳の若さで検査員に昇格したが、思い切って独立することにした。きっかけはソケットの改良だった。当時は自宅に直接電線を引く方式がとられ、電球の取り外しも専門知識が必要だった。そこで誰でも簡単に取り外しができるソケットに目を付けたのだ。結婚したばかりの妻とその弟、友人二人たった五人でのスタートであった。資金は貯金していた百円と知り合いから借りた二百円、計三百円での出発であった。

アイディアはよかったが、どこで材料を購入するのか、いくらで売れば利益が出るのか、当初から難題続きであった。やっと作り上げた新型ソケットはまったく売れず、二人の友人は去っていった。着物、帯、指輪などを質草とするむめの夫人の質屋通いが続いた。ようやく危機を脱したのは、扇風機の部品の受注に成功したからであった。

松下電気器具製作所を創業したのは大正七年（一九一八年）、二十三歳の時である。やがて電気コードの先端に取り付ける二灯用差し込み―改良アタッチメント、電球が二個取りつけられるプラグがヒット、ようやく経営が軌道に乗った。新たに従業員も雇えるようになった。

松下電器の基礎を築いたのは自転車用ランプであった。当時の自転車のランプといえば、ロウソクやアセチレンを使ったものか、電池ランプであった。ロウソクやアセチレンはすぐ消えたり、取り扱いに手間がかかった。電池ランプは、二、三時間しか持たなかった。六ヵ月におよぶ試行錯誤の末、豆ランプと電池の組み合わせで三十時間から五十時間も点灯し、しかも取

り外し可能な画期的な自転車ランプの完成にこぎつけた。「これはいける」、絶対の自信をもって量産に踏み切ったがさっぱり売れない。問屋も相手にしてくれない。電池ランプはすぐ寿命が切れるとの先入観があったのだ。そこで作戦を練った。自転車屋に一軒、一軒、新電池ランプを置いて回った。もちろん点灯したままである。一晩置いてもまだ点いている。三十時間以上も長持ちすることを直接知った自転車屋や販売店から注文が殺到した。この砲弾型ランプは松下を救った。

順調に発展していった松下電器を危機に追い込んだのは、昭和初期の不況であった。多くの企業が解雇や賃金カットで対応する中、松下は「首切りはしない。生産は減らし工場の工員の就業時間は半日にする。逆に営業関係の社員は休日も出勤して在庫品の販売に全力を尽くせ」との方針で臨んだ。感動した社員の努力の結果、さばくのに少なくとも六ヵ月はかかると思われた在庫品をなんと二ヵ月ですべて整理し、危機を乗り切ったのであった。社員一丸となっての成果であった。

ラジオ放送が開始されたのは、大正十三年（一九二四年）のことであった。ニュース、天気予報、株式市況から歌謡曲、落語、浪花節など娯楽番組が家庭の茶の間、農村や漁村なら村の集会場に置かれたラジオの受信機から聞こえてくるようになった。

松下電器がラジオ受信機の分野に乗り出したのは昭和六年（一九三一年）であった。ひとりの発明家の持っていた三つの特許を高額で買収すると同時にこの特許を無償で公開した。この思い切った決断は、美談として報道され、中堅メーカー松下電器が世に知られるきっかけとなった。故障のない受信機を目指し他のメーカーの製品がでるとそれを上回るものを安く作り、巧みな宣伝と相まって販路を広げていった。

幸之助は利益を追求するだけではなかった。昭和七年を「命知元年」と定め第一回創業記念式典を開催した。アメリカの自動車王ヘンリー・フォードに倣《なら》った「水道哲学」、「二五〇年計画」、「適正利益・現金正価」を社員に訓示した。「産業人の使命は貧困の克服である。社会全体を貧困から救って豊かにすることだ。商売や生産の目的は、その活動によって社会を富ますところにある……」。全社員に対して訴え、社員はその使命感に感動し、会社の結束を促すことになった。

昭和八年（一九三三年）、本社を門真《かどま》に移すと同時に工場群を三つの事業部とし、分野別の責任経営という画期的な試みを実現した。ラジオ部門、ランプ・乾電池部門、配線器具・合成樹脂・電熱器部門の三つに分けそれぞれの部門が独立採算制となり、新製品の開発、生産、販売まで責任を持たせるようにした。各事業部がそれぞれのひとつの会社と同じ機能を持ち、責任あるポストが多くなって人材が育っていった。ひとつの事業部門が新製品を出し、それが大きな事業になると独立して新しい事業部になる……と細胞分裂のように拡大していった。

こうして、松下電器は順調に発展していった。第二次大戦中、軍需品の生産に協力したのは当然であった。松下造船を設立し、二五〇トンクラスの中型木造船を建造した。成果を出すことなく敗戦を迎えたが、強化合板構造の練習用急降下爆撃機を試作するなど従来と異なる分野にも進出していった。

❖ 戦後の復帰

昭和二十年（一九四五年）八月、長かった戦争が終わった。日本は占領され、占領政策が開始された。松下電器はＧＨＱによって制限会社に指定され、幸之助以下役員の多くが戦争協力者として公職追放処分を受けた。「松下は一代で築いたもので、買収などで大きくなった訳でもなく、三井、三菱、住友などの財閥とは違う」と反駁する一方、一般的には経営者を敵視する立場の労働組合の結成に協力し、大会で祝辞を述べたほどであった。異例とも思われる労働組合員による「社長の追放解除」の署名運動もあって幸之助は間もなく追放を解除され経営のトップに復帰することになった。

追放中の不本意な時代のなかで力を注いだのがＰＨＰ運動であった。「プロスペリティ（繁栄）によってピース（平和）とハッピネス（幸福）を」と始めた運動であった。敗戦の翌年の昭和二十一年十一月にＰＨＰ研究所を創設し、乱れた戦後日本の倫理教育の必要性を感じて実践に移した。手軽で誰にでも読める雑誌『ＰＨＰ』の刊行など、事業家に加え、思想運動家としての活動を開始したのであった。昭和二十二年の一年間だけで二十二回のＰＨＰ懇談会を実施し、自らの考えを訴えた。『ＰＨＰ』は最初は売れなかったが、幸之助自ら「ＰＨＰのことば」のビラ配りを大阪門真の駅前でやるなどの努力が実り、一時は発行部数百万部を突破するまでになった。

朝鮮戦争の勃発（昭和二十五年六月）は「朝鮮特需」で知られる大量の物資の発注が日本の

産業界に対してなされ、松下電器も七つの制限が順次解かれ、幸之助も経営再建に全力で取り組むことになった。

病弱で旅行嫌いだった幸之助がアメリカへ旅立ったのは、昭和二十六年（一九五一年）一月のことであった。日本はまだ占領下にあり、プロペラ機で何度も途中で給油のためアメリカ本土へは時間もかかったが、明快な目的を持っての渡米であった。欧米の優れた企業と技術と経営両面で提携したい、その可能性を探ることであった。一月の予定が三ヵ月延び、四月までアメリカに滞在した。なんとその年の十月から十二月にかけて再びアメリカとヨーロッパを訪れた。

当時アメリカは「黄金の五十年代」といわれる物質文明の華が咲く時代を迎えていた。幸之助は表面の華やかさでなく、その根底にある技術力に注目した。そこで考えたのが「技術を買う」ことであった。松下電器が選んだのはオランダのフィリップスであった。フィリップス側は、提携の条件としてロイヤリティ（技術指導料）六％を要求してきた。極めて高価であった。幸之助は普通なら考えつかないアイディアを出す。「経営の責任は松下だ。技術を生かすも殺すも経営のやり方にかかっている。指導料をいただきたい」と相手側に要求したのだ。当初、フィリップス側は当惑したが、その主張にも一理あると認め、松下電子工業発足（昭和二十七年）に当たり、フィリップス社の技術指導料四・五％に対し、松下電器の経営指導料三％で契約が成立した。この比率は後に二・五％ずつとなった。

松下幸之助は昭和二十五年（一九五〇年）以降、長者番付で全国一を十回記録、四十年連続

全国百位以内に登場し、世間は「経営の神様」と呼んだ。しかし、松下グループはいつも順風満帆というわけではなかった。

松下電器の強さは、結びつきの極めて強い系列店に支えられた「販売の松下」であった。しかし、その販売が危機に瀕したことがあった。家電ブームに乗って成長を続けてきた電気業界だったが、家電製品の普及が一巡し、成長に陰りが見え、さらに金融引き締めの影響で松下電器も減益、赤字に転落した。幸之助は一九六一年に会長に就任し第一線を退いていたが、この状況に危機感を持った。当時松下は約四万人の社員と協力工場を含めると八万人の従業員を抱えていた。そこでやったのが全国の販売会社と代理店の社長を集めての懇談会の懇談会の開催「熱海会談」であった。

東京オリンピックを三ヵ月後に控えた昭和三十九年（一九六四年）七月、熱海のニュー・フジヤホテルに全国から百七十人を招集し、意見を聞いたのだ。

「儲かっているところは手をあげてください」、手をあげたのは二十数人に過ぎず、大多数が赤字か、すれすれの状態、存続が危ぶまれるところが約一割という予想もしなかったひどさであった。「松下の指導に従ってやっているのに」と恨みや不満の声が次々と出た。販売戦略の根本的な立て直しと危機突破の戦略が求められた。

「熱海会談」の最後に「われわれは努力が足りなかった。これからはお互いに心を入れ替えてしっかりやりましょう」と挨拶した幸之助は、「共存共栄」と書いた自筆の色紙を配って沈静化を図るとともに現場復帰を決意した。営業本部長代行を兼務して自ら指揮をとることにしたのだ。直ちにやったのが販売制度の改革であった。まず、地域販売制度を確立した。サービス・エリアを決め、過当競争をなくした。第二は事業部直販制であった。各事業部―各地営業所―販売会社・代理店―小売店で流れていた製品のルートを営業所を抜きにして事業部―販売会社の流れに変えたのだ。その結果、事業部と市場の距離がぐっと短縮された。第三は、新月賦制度の採用であった。クレジット専門会社にして代金の回収にしぼったのだ。

この改革によって松下の業績は一年半で回復、販売会社・代理店の赤字も解消した。幸之助の事業部長代行はわずか半年だったが、その采配は見事に成功したのだった。

❖ 世直しへの意欲―松下政経塾の設立

「松下は人を作る会社です。合わせて電気製品も作っております」の言葉に示されるように、幸之助の悲願は「良き日本人を育成すること」であった。そのひとつが、松下の製品を販売してくれる販売店の後継者を集めて教育する松下電器商学院（現松下幸之助商学院）の設立（一九七〇年）であった。一年間の合宿生活を通じて礼儀作法を学ばせ、電気工事士の資格を取らせるなどパナソニック製品販売を支えてくれる人材育成に力を注いだのであった。

松下幸之助は根っからの商売人―経済人であった。日本は政界、官界、財界の結びつきが強固で松下グループが大きくなるにつれて幸之助も政治家との付き合い、政治とのかかわりも深くなっていった。当然、日本政治の在り方、政治家の質が気になる。そして経済人の立場から日本の政治を正す方策の一つとして政治家養成機関の設立を早くから考えていた。

私財七十億円を投じて作ったのが「松下政経塾」であった。一九八〇年に開塾したこの養成機関から野田佳彦元首相はじめ五十名以上の国会議員、多数の地方議員が生まれ、中央、地方の政界で活躍することになった。

松下記念病院で九十四歳の天寿を全うした松下幸之助の遺産は、経営、政治、社会あらゆる分野に残されている。

【参考文献】

松下幸之助『私の履歴書』(第一集)(一九五七年、日本経済新聞社)

松下幸之助『私の夢・日本の夢―二十一世紀の日本』(一九七七年、ＰＨＰ研究所)

川端康成と日本文学

初の日本人
ノーベル文学賞
受賞者

川端康成《かわばたやすなり》（一八九九〜一九七二）

大阪生まれ。東京帝国大学在学中に菊池寛に認められる。新感覚派作家として注目され、戦争を機に日本の古典に沈潜、西洋小説と日本古典をないまぜにした斬新な手法で数々の作品を発表した。日本人初のノーベル文学賞を受賞。日本ペンクラブ会長として国際ペンクラブ東京大会を主催するなど幅広い社会活動もおこなった。代表作は「伊豆の踊子」「雪国」「千羽鶴」など。

❖ 驚きのノーベル文学賞受賞

「川端康成氏にノーベル賞—文学賞は日本では初めて」（朝日新聞）
「川端康成氏にノーベル文学賞—認められた〝抒情の美〟」（毎日新聞）
「ノーベル文学賞、川端康成氏に決定—日本人の心の神髄」（読売新聞）

昭和四十三年（一九六八年）十月十八日、新聞各紙一面に大きな活字が躍った。

鎌倉の自宅に押し寄せた報道関係者に対し、川端は談話を発表した。

「候補にあがっていることは聞いていましたが、自分の作品は量感に乏しいことを知っているので、まさか決まるとは思っていませんでした。受賞の理由は第一の〝おかげ〟として日本の伝統というものがあり、それを作品に書いたからだと思います。第二の〝おかげ〟は各国の翻訳者がよかったためでしょうが、日本語で審査してもらったらもっとよかった。……私は変に運がいいんです。私のもののような、西欧の小説に比べるとささやかな作品が認められたわけですから、翻訳してくれた人、そのほかの人々のおかげさまです。……」

この年はなにかとトラブルの多い年であった。大学紛争が全国に広がり、成田空港阻止集会で反対派と警官隊が乱闘、アメリカで黒人指導者キング牧師が暗殺され、ソ連など五ヵ国軍がチェコに侵攻し自由化を求める「プラハの春」が圧殺されるなど国内外で暗いニュースが相次いだ。

こうしたなかでの明るいニュースであった。日本人によるノーベル賞受賞は川端で三人目であった。これまではいずれも物理学賞であった。昭和二十四年（一九四九年）の湯川秀樹京大教授の「中間子理論」、昭和四十年（一九六五年）朝永振一郎博士の「繰り込み理論」によるものであった。自然を対象とし、実験、観察、数理に支えられ、そこから一般法則を導き出す自然科学と違い、生活環境、民族的伝統、著述形式など異なる文学作品をどのように評価するのか。一九二五年にノーベル文学賞を受賞したバーナード・ショウは授賞後のインタビューで皮肉たっぷりにいった。「ダイナマイトを発明したのは、まだ許せるとしても、ノーベル文学賞を考え出すなんて言語道断だ」。

ノーベル賞の創始者アルフレッド・ノーベルはダイナマイトを発明した科学者であったが、少年時代から文学に関心を持ち、長じても詩や戯曲を書くなど文学熱は冷めなかった。母国語のスウェーデン語に加えて、英語、フランス語、ドイツ語、イタリア語、ロシア語も堪能であり、外国の文学作品の翻訳も熱心に読んでいた。ノーベルは何度か遺書を書き直したが、最後の遺書に他の分野と並んで、文学も賞の対象とする条項を加えた。その選考はスウェーデン・アカデミーに委ねた。

文学賞の選定に当たり、毎年ノーベル委員会は世界各国のペンクラブ会長、大学の文学・言語学の研究者、かってのノーベル文学賞受賞者、スウェーデン・アカデミーのメンバーなど、文学に関連する世界中の関係者（六〇〇人〜七〇〇人）に推薦の依頼状を送る。世界各国から寄せられる推薦書をもとにロングリスト（三〇〇人〜三五〇人）を作り、委員会が第一次選考をおこなって十五名～二十名に絞り込む。第二次リストをもとにノーベル委員会が五名前後の第三次リストを作成し、アカデミー全員が出席する例会に提出される。その席で検討が加えられ、十八名の会員が推薦したい一名の名を書いて投票する。最後は多数決で決まる仕組みである。

川端以前にアジア人としてインドの詩人タゴールが一九一三年に文学賞を受賞しているが、タゴールの場合まずベンガル語で詩を作る。しかし子どもの頃から英語を学び、イギリス留学の経験もあり自分自身で英語に訳し、アイルランドの詩人イェイツの協力により「夕べの歌」など英語で出版し、ヨーロッパでも好評を得ており、川端とは異なる。

❖ 日本人候補者—なぜ川端康成が選ばれたか

過去に日本人としてはじめて候補にあがったのは、昭和二十八年（一九五三年）の谷崎潤一郎と西脇順三郎（詩人）であった。その後もこの二人は度々ノミネートされたが、最終選考にはいたらなかった。川端康成が推薦のリストにはじめて載ったのは昭和三十六年（一九六一年）であった。この時の推薦者は、ストックホルム大学教授でアカデミーの選考委員でもあったカール・ヘンリー・オールソン。オールソン教授は作家であり、文学と言語学の研究者でもあった。オールソンと川端には特別な交流はなかった。

当時の委員会のコメントとして「この日本人作家の作品は、心理描写と芸術描写に優れた技術が見られ、上手くそれらが表現されている。ヨーロッパの自然主義に影響を受けた同時代の日本人作家数名のなかでも抜きんでていてわれわれを魅了するものがある。特に彼の作品のなかでも特有の表現力を持って描かれた作品は〝千羽鶴〟であると思う。しかしながら、翻訳されたいままでの作品数が少なすぎるために、現在の状態ではノーベル賞を授与するに相応しいか決めることはできない。よってもう少し延期して考察すべきである……」。

以後川端は谷崎とともに毎年のように候補にあがった。谷崎より川端を評価する委員が多く、やがて谷崎の死によって川端にしぼられていった。ノーベル賞は生存者に限られていたからである。

川端の受賞に欠かせないのは、その作品が英語をはじめ欧米の言語に翻訳されて選考委員がその翻訳によって川端文学に接することができたことだ。受賞した時の報道関係者へのコメントにもあるように、川端のノーベル賞受賞は翻訳なくしてはあり得なかった。川端の作品を見事な英文にしたのは、エドワード・サイデンステッカーであった。

ではサイデンステッカーはどのようにして日本文学、特に川端の作品の翻訳を手掛けるようになったのであろうか。

サイデンステッカーは、一九二一年、コロラド州の小さな田舎町で生まれた。父は牧場を経営し、沢山の牛を飼っていた。一九四二年コロラド大学を卒業すると、大学と同じボールダーの町にあった海軍日本語学校で学ぶことになった。日本ではアメリカ、イギリスとの戦争が開始されると英語の授業は「敵性語」として廃止され、野球の「ストライク・ワン」を「よし、一本」に変えるなど極端なやり方がとられたが、アメリカは逆だった。敵国日本を知り、情報を分析し、将来占領した時に備え、陸軍と海軍がそれぞれ日本語学校を設立し、日本語の判る若者を養成していったのであった。この海軍日本語学校二期生から日本文学と日本文化に精通するドナルド・キーンが生まれている。

サイデンステッカーは大学の専攻は英文科で、それまで日本語や日本に関係したことに触れた体験はまったくなかった。しかし、日本語学校に入り、日本語の特訓を受けた結果、一年二ヵ月後には日本の新聞をあまり不自由なく読めるまでになった。卒業後直ちに海兵隊に配属され日本語の書類を読み、日本人捕虜を尋問するなどの仕事を与えられた。終戦後、九州の佐世保勤務を経てアメリカに帰り、コロンビア大学、ハーバード大学で学び、国務省の役人として日本に赴任、二年ほど勤務する間に、本格的に日本文学を研究したい気持ちが強くなっていった。

国務省をやめ東大の大学院に入学して日本文学の勉強を始めたのは、一九五〇年のことであった。初めの二年間は池田亀鑑教授のもとで平安文学を習い、あとの三年は吉田精一教授の近代文学の授業にも出席するようになった。日本文学の現場にも触れようと日本ペンクラブにも入会した。

サイデンステッカーが最初に翻訳した日本文学は平安中期の日記文学「蜻蛉《かげろう》日記」であった。やがてイギリスの雑誌の依頼により太宰治の短篇を訳し終えた頃、アメリカの雑誌『アトランティック・マンスリー』が日本特集をやるので、なにか短篇を翻訳して欲しいと連絡してきた。

そこで選んだのが「伊豆の踊子」であった。ただし字数が限られている。やむを得ず、冒頭の茶店の老爺がでてくる場面、末尾の場面など省略した。川端本人もこのことは快く了承してくれた。これがサイデンステッカーの川端作品の翻訳の出発点となった。

❖ 川端康成の生い立ちと川端文学

川端文学はその生い立ちを抜きにしては語れない。

川端康成は、明治三十二年（一八九九年）大阪市で生まれた。父は開業医であった。四歳上の姉がいた。二歳の時父が結核で死亡、翌年後を追うように母も亡くなり、祖父母に育てられていたが、九歳の時祖母が他界、親戚に預けられていた姉も心臓麻痺で亡くなった。以来祖父と二人暮らしになるが、その祖父も康成が十五歳の時死去。まさに天涯孤独の身となったのだった。

その後、茨木中学校の寄宿舎に入り、卒業まで寮生活を送る。第一高等学校に進学し全寮制のなかで過ごした。寮の生活にはなじめなかったが、多読を続けロシア文学、特にドストエフスキーに傾倒した。十九歳の時、伊豆を旅し旅芸人一行と道連れになり、その体験が後に「伊豆の踊子」となって結実する。一高を卒業し東京帝国大学文学部英文科に入学、今東光など仲間とともに第六次『新思潮』の発刊を企て、菊池寛を訪れ以後多くの恩顧を受けることになる。

『新思潮』に発表した「招魂祭一景」が評判となり、原稿が売れるきっかけとなった。やがて、婚約までにいたった女性と別れ、心の傷として長く尾を引くことになった。それは作品にも影響することになる。

英文科から国文科に転科し、菊池寛が創刊した『文藝春秋』の編集同人に名を連ね、関東大震災の特集に「大火見物」を寄稿したこともあった。震災の翌年大学を卒業するが、文芸時評の原稿料などかなりの収入があり、横光利一、中河与一、今東光などを同人とする『文藝時代』に寄稿するとともに編集も担当し、新進作家を発掘し、その作品を発表する場を提供するなどすでに文壇の一角を占めたのであった。

名作「雪国」が最初に発表されたのは、昭和九年（一九三四年）のことであった。まだ新緑の残る六月、仕事と息抜きを兼ねて方々の温泉をめぐり、その途中水上から開通間もない清水トンネルを抜けて初めて越後湯沢を訪ねた。当時の湯沢はスキー場などの開発も進んでいないひなびた田舎の湯治場だった。川端はその純朴さが大変気に入った。そこで「雪国」のヒロイン駒子のモデルとなる芸者松栄に出会う。「雪国」は一回で完結したわけではない。『改造』一月号に初めの部分を書き、それ以降断続的にいろいろな雑誌に続編を書き継ぎ、単行本『雪国』として刊行したのは三年後の昭和一二年（一九三七年）であった。さらに戦時中に書き継がれ、戦後に改稿されてようやく完結をみたのは昭和二三年（一九四八年）のことであった。まさに執念の作といえよう。

「国境のトンネルを抜けると雪国であった。夜の底が白くなった」、「雪国」というタイトルとあの有名な書き出しが決まったのは最初に本になった時である。この川端の文学的表現をどう英語に訳し欧米の読者の共感を得られるようにするか。サイデンステッカーの苦心はここにあった。サイデンステッカーにいわせると、谷崎の文章は極めて翻訳しやすい。しかし川端の作品、特に「雪国」は大変に難しい。例えば、二人の人物が言葉を交わしている時、一方の言葉遣いがほんのわずかに変わっただけで状況が一変するからだ。

まず冒頭の「国境のトンネルを抜けると雪国であった。夜の底が白くなった」の部分も主語がない。トンネルを抜けたのは、汽車なのか、私なのか、「夜の底が白くなる」とはどのような情景なのか。サイデンステッカーはこう訳した。

"The train came out of the long tunnel into the snow coutry .The earth lay white under the night sky." (列車は長いトンネルを抜けて雪国に出た。大地は夜の空の下に、白く横たわっていた) となる。

川端は「千羽鶴」、「山の音」、「眠れる美女」など旺盛な創作活動を続けるとともに、さまざまな文壇や社会活動で多忙を極め、国際ペンクラブ東京大会開催を実現し、日本の文学、日本文化を海外に紹介する絶好の機会を作った。またサイデンステッカーの翻訳、さらにその英訳から他の欧米系言語への重訳によって川端作品は世界に知られていった。

❖ ノーベル賞授賞式とその死

スウェーデンの首都ストックホルムでおこなわれた授賞式に川端康成は紋付羽織袴の正装で臨んだ。スウェーデン国王グスタフ六世からメダルと賞状、賞金証書をコンサートホールの会場で受け取ったのは十二月十日のことであった。

スウェーデン・アカデミーのエステリング常任理事は、川端康成に対するノーベル文学賞授与に際しての歓迎演説で語った。

「川端氏は、女性の心理を微細に観察する作家としてとくに賞賛を受けています。氏はこの点で優れた才能を示したのは二つの中間小説『雪国』と『千羽鶴』においてです。川端氏の文章は、日本画を想起させることもあります。即ち、川端氏は繊細な美を熱愛し、また自然の生命や人間の宿命の存在をあらわす悲しみにあふれた象徴的な言葉を賞賛しているからです」

二日後に受賞記念講演がスウェーデン・アカデミーでおこなわれた。「美しい日本の私」と題する原稿は当日明け方までかかってホテルで書き上げ、通訳を務めるサイデンステッカーは準備の時間がないといらいらしながらその原稿を待っていた。

春は花夏はほととぎす秋は月
冬雪さえて冷《すず》しかりけり

道元禅師の「本来ノ面目」と題するこの歌にはじまる講演は、日本の四季に誘い出された人と人の出会いと別離の物語を描いた川端文学の本質を語るものであった。

パーティには映画「雪国」で芸者駒子を演じた岸恵子がパリから駆けつけ、フランス語の通訳をかって出た。

ノーベル賞作家となった川端はハワイ大学に招かれ特別講義をおこない名誉博士号を贈られ、台北のアジア作家会議、ソウルの国際ペン大会への出席など多忙を極めた。衝撃を受けたのは三島由紀夫の割腹自殺であった。川端は葬儀委員長を務めた後で書いた。

「三島君の死から私は横光君が思ひだされてならない。(略)横光君が私と同年の無二の師友であり、三島君が私と年少の無二の師友だったからである。私はこの二人の後にまた生きた師友にめぐりあへるであろうか」

川端康成は、昭和四十七年(一九七二年)四月十六日夜、逗子のマンションの仕事部屋で自らの命を絶った。七十二歳の生涯であった。この年『文藝春秋』に発表された「夢　幻の如くなり」は「私も出陣の覚悟を新たにしなければならぬ」と結ばれていた。

【参考文献】
大久保喬樹『川端康成』(二〇〇四年、ミネルヴァ書房)
E・Gサイデンステッカー、安西徹雄訳『流れゆく日々―サイデンステッカー自伝』(二〇〇四年、時事通信出版局)
大木ひさよ「川端康成とノーベル文学賞―スウェーデン・アカデミー所蔵の選考資料をめぐって」(『京都語文』二一号、二〇一四年)

本田宗一郎とオートバイ・自動車

車の修理屋から大自動車メーカーを育てた男

本田宗一郎《ほんだそういちろう》（一九〇六〜一九九一）
本田技研工業の創業者。
静岡県で生まれ、高等小学校卒業後、自動車修理工場で技術を習得。東京で修業した後、二十二歳で浜松に自分の店を持ち独立。一九四六年に本田技術研究所、一九四八年に本田技研工業を創立し本格的なオートバイづくりをおこなう。一九六三年に自動車製造に進出。Ｆ１など国際レースなどにも参加し「ホンダ」の名を世界に知らしめた。

❖ 本田宗一郎の生い立ち

「君たちは、この会社を変えなきゃいけないんだ。この会社の通りやっていたらいけないんだ」

本田宗一郎は毎年入社式の際、新入社員に向かってこの決まったフレーズを入れてスピーチした。この短い言葉には、現状に満足しない、何事にもチャレンジする本田の精神が凝縮されている。

浜松の小さな町工場から「世界のホンダ」をつくりあげた起業家精神の塊のような本田はどのような生い立ちの人物だったのであろうか。

本田宗一郎は日露戦争が終わった翌年の明治三十九年（一九〇六年）静岡県磐田郡、現在の浜松市天竜区の鍛冶屋の長男に生まれた。祖父が「この子は必ず多くの人の上に立つ人間になる。尊敬される人間、宗匠だ」と「宗」と長男を意味する一郎を組み合わせて宗一郎と命名した。宗ちゃんは学校の成績は悪かったが、電池や試験管、機械いじりは大好きだった。ナイフ、のこぎり、ノミなどを使って物を作ることに夢中になった。大正十四年（一九二五年）小学校二年の時、浜松の歩兵連隊に飛行機が来るとのニュースがもたらされた。ぜひ見たいと思ったが、父には怖くて言い出せない。歩いていくには遠すぎる。父の大人用自転車を持ち出したが、大きすぎてサドルに足が届かない。三角のスペースに片足を突っ込む三角乗りで二十キロ以上離れた浜松にたどり着いた。だが入場料が足りない。見渡すと会場の傍に大きな松の木があった。登ってみるとやや遠かったがお目当てのアート・スミス号の姿に接することができた。普段は厳しい父だったが、自転車で遠い浜松までいった宗一郎をきつく叱ることはなかった。また、はじめて村に来た自動車の後を追いかけ、止まった時に地面に落ちたオイルを手にまぶしてその匂いを胸いっぱいに吸い込むような機械や車に夢中の少年時代であった。

やがて鍛冶屋から自転車屋に転業した父、そこに送られてくる雑誌『輪業の世界』を宗一郎は貪るように読み、店を手伝う間に自転車修理の腕を上げていった。この雑誌にアート商会の求人広告がのった。東京の自動車修理工場で修行できる。宗一郎は渋る父を説き伏せ、遂に上京することになった。

はじめは子守ばかりやらされたが、子守をしながら店にあった自動車関係の本を読みあさり、おんぶした赤ちゃんがおしっこをしても気が付かないほど夢中で知識を吸収していった。そうした宗一郎の姿勢にアート商会の主人も目をかけるようになった。

上京して一年半、転機が訪れたのは十七歳のとき発生した関東大震災であった。他の修理工がほとんど田舎に帰るなか、東京に残り、アート商会の主人榊原侑三とともに道路に放置された自動車の修理を手掛け、塗装を施し新車同様にするなどすっかり腕を上げた。

腕を磨いた宗一郎が命じられたのは盛岡への出張だった。消防自動車の修理を依頼されたのだ。はじめて訪れた東北、出迎えた側は十八歳の頼りなさそうな若造にがっかりした様子で宿泊先の旅館の部屋も女中部屋の隣で狭いところだった。しかし、翌日消防車を分解し、組み立てて修理完了、試運転をすると故障車が見事に動き出した。「こんな小僧に出来るのか」と馬鹿にしていた人々の目が一変して尊敬の色に変わった。途端に旅館の待遇もアップし、宗一郎は改めて技術のありがたさ、貴重さを悟ったのだった。

徴兵検査も色覚障害の疑いで兵役に適さずの丙種となったため、徴兵されず、六年間アート商会で働いた。その仕事ぶりから榊原社長の信頼も篤く、多くの従業員のなかでたった一人暖簾《の》《れん》分けを許され、地元に戻ってアート商会浜松支店の看板を掲げたのは昭和三年（一九二八年）四月のことであった。時代は大正から昭和へと移っていた。

❖ 新会社設立とピストンリングの生産、そして戦争を経て

故郷でオープンしたアート商会浜松支店、小僧ひとり雇っての小さな店だったが、「あそこへいけば自動車でもオートバイでもすぐに直してくれる」と評判になり、バスやタクシーなど業務用車両まで扱って業績を拡大、三年後には工員五十名が働く大修理工場にまで発展した。大阪の巡業に行く途中、浜名湖の近くで愛用の外車ルノーが故障し、困っていた流行歌手藤山一郎の訴えをエンジン音を聞いただけで不調部分をピタリとあて、すぐ修理して感謝されたこともあった。しかし、本田は修理屋で満足することはなかった。二十五歳で鉄製スポークを考案し、特許を得て、かなりの資金もできた。関東大震災の折、木製スポークが焼けてしまったことからヒントを得たのである。

やがて本田は新会社、東海精機重工業株式会社を設立し、車のエンジンの一部ピストンリン

グの製造に専念するようになった。だが、満足な製品ができない。基礎知識の不足を痛感し、浜松高等工業学校（現静岡大学工学部）の門をたたいた。「シリコンの不足、それが強度不足の原因」とずばり指摘され、二十九歳になった本田は聴講生の資格を得、学生服を着て自ら運転するダットサンで通学することになった。だが、問題が起こった。本田はピストンリングに必要な知識を学びたくて入学したので、その他の科目には全く関心もなく試験も受けない。二年目に退学処分となったが、その後も必要な講義には顔を出していた。教授もあえてとがめず良き時代であった。こうして満足のいくピストンリングが生産できるようになり、豊田自動車に納入できるまでになった。

やがて太平洋戦争が勃発、本田は航空機のプロペラ生産工場の嘱託技師として招かれ、プロペラの削り機を開発、一挙に数十倍の能率向上を実現した。また、アメリカの艦載機が投棄していく補助ガソリンタンクを拾ってきて貴重な非鉄金属材料に利用した。この空襲の置き土産を本田は〝トルーマン給与〟と称したという。

戦争が終わった。四十歳になった本田は戦後の混乱のなか、本田技術研究所を設立した。昭和二十一年（一九四六年）十月のことであった。当時、浜松の連隊に通信機用の小型エンジンが放置されているとの情報が入った。このエンジンを安く買い集め、自転車に取り付け、車輪を回すというアイディアがひらめいた。陸軍のエンジンがなくなると、東京、名古屋、大阪などで焼けたり、こわれたエンジンを買い集めて活用した。翌年には超小型エンジンを開発、自転車に取り付けた通称「ポンポン」、あるいは「バタバタ」は飛ぶように売れた。

同様のポンポン屋が次々登場すると、本田技研工業を設立し、本格的なオートバイづくりを決意する。一歩先を行く発想である。本格的なオートバイメーカーは東京や名古屋に存在したが、本田は絶対の自信をもって夢を乗せ「ドリーム号」と命名、試作オートバイを世に出した。排気量一四六ＣＣのＥ型エンジン搭載のドリーム号は浜松から箱根に向けて嵐のなかのテスト走行に成功、ドリーム号が売れるきっかけとなった。つづいて開発したのがカブ号Ｆ型であった。

丁度この頃、本田は一人の人物に出会う。以後、二十五年にわたって経営を任せる藤澤武雄である。技術のことしか頭にない本田に対し、財政面で本田を支えたのが藤澤であった。オートバイの取り扱いに全国の自転車販売店を取り込んだのは藤澤のアイディアであった。

❖ オートバイから自動車へ

ドリーム号で業績を伸ばした本田技研は本社を浜松から東京に移した。世界一のオートバイメーカーを目指す。その目的達成の手段として、モーター・サイクルのオリンピックといわれるイギリス、マン島のＴＴレースに参加し、優勝すると宣言したのだ。一九五九年、優秀なヨーロッパ車に囲まれたなかで初陣での六位入賞（一二五ＣＣクラス）は、評価できるものであった。この年、海外進出、アメリカへの本格的参入がはじまった。ロサンゼルスに現地法人アメリカ・ホンダを設立、藤澤は商社を使わず、自前で販売網を作ると決断した。また本田宗一郎はアメリカに出ていくならアメリカ人を雇用すべきだと、日本人として赴任したのはたった五人であった。レジャー用の乗り物としてスーパーカブに人気が集まった。キャンピングカーに積み込まれ利用されたのだ。大手広告会社を使ったキャッチコピー「You Meet the Nicest People on a HONDA」とイラストを組み合わせて人気雑誌の誌面を飾った広告もアメリカ人の購買意欲をそそった。

二年後の一九六一年、遂にTTレースの二クラスで完全優勝を果たす。日本のホンダから世界のＨＯＮＤＡに飛躍したのであった。その年、ホンダはヨーロッパにも進出した。西ドイツのハンブルグを拠点にヨーロッパ・ホンダを設立、以後パリにホンダ・フランス、ロンドンにホンダ・ＵＫを置き販売拠点を広げていく。販売拠点だけでない。ベルギーに、ベルギー・ホンダ・モーターを設立、工場建設をおこない、生産にも着手したのだ。

世界を制覇したオートバイから本格的な乗用車に挑戦するのは必然の流れであった。ホンダが四輪車生産に踏み切るきっかけとなったのは、通産省が制定することを決めた特殊産業振興臨時措置法（特振法）であった。国際競争力を強化するため、自動車会社を①量産車グループ（トヨタ、日産、マツダ）、②特殊車両（高級車・スポーツカーなど）グループ（プリンス、いすゞ、日野）、③軽自動車生産グループ（富士重工、マツダ）に分け、各々の特徴を活かそうと狙ったもので、当然新規参入は制限されることになる。この法律が成立すればホンダの自動車への進出は閉ざされる。そのためにはいち早く四輪生産に乗り出す必要があった。

ホンダは軽トラックT３６０、小型スポーツカーでまず四輪市場に参入し、世界グランプリレースF１部門への出場を決めた。スピード、耐久力、安全性を国際舞台で示し、日本人の間にホンダの名を知らせようとしたのだ。実績に基づく技術を基礎にしてN３６０という軽自動車を低価格で提供し、一年八ヵ月で二十万台を突破する売れ行きを記録するヒットを飛ばした。

しかし順風満帆とはいかなかった。アメリカの弁護士ラルフ・ネーダーの消費者保護運動に刺激されて結成された日本自動車ユーザーユニオンが「N３６０は欠陥車だ」と言い出したのだ。N３６０を運転中事故にあったドライバーの聞き取り調査から「時速八十キロで走行すると蛇行する」との証言を得て、死亡事故の遺族に代わり未必の殺人罪で本田宗一郎を東京地検特捜部に告訴する事態にまで発展した。マスメディアも大きく取り上げ、遂にN３６０は生産中止となった。結局事故と車の構造には因果関係が成立しないことが立証され、本田は不起訴処分となったが、乗り越えなければならなかった大きな危機であった。

❖ 低公害のCVCCエンジンの開発とホンダイズム

ホンダの名を不動のものにしたのは、昭和四十七年（一九七二年）に開発したCVCCエンジンであった。世界的に問題となり始めた排ガス公害に対する規制が厳しさを増すなか、アメリカで成立したのが「マスキー法」であった。提案した上院議員マスキーの名をとった実現困難と思われるこの規制をクリアーしたＣＶＣＣエンジンは、本田宗一郎の発想から生まれた。六十年代の四輪メーカーのエンジンは欧米的な設計、製造で作られていたが、ホンダはバイクのアイディアを活かし小型、軽量、高効率を追求し、実現、世界の低公害エンジンの原型を作り上げたのであった。このエンジンを搭載した小型車シビックが発売され、トヨタ、日産と並ぶ総合自動車メーカーとして世界に認知されることになった。

本田宗一郎はあくまで技術を追求する一方、堅物ではなかった。赤い派手なシャツを好み、仕事の合間には芸者をあげて大騒ぎするなど生活面もエンジョイする人物だった。そうした遊び心は社員に対しても適用された。ホンダ創立十五周年の祝賀イベントでは、社内で企画イベントを募集した。当選し五十万円の賞金を獲得した「模擬国際都市の夜」は、京都に全従業員が集まり、泊りがけで遊ぼうというものだった。総予算は一億円、一日目の昼はいくつかの劇場を借り切って三波春夫、フランキー堺、三木のり平など一流の芸人の舞台を楽しみ、夜は専用の金券で市内の指定されたレストランで大いに飲み、食べ、二日目は京都市体育館で盛大な記念式典が開催された。

研究開発から量産化を通じて経営に哲学が生まれた。三つの喜び―「作る喜び、売る喜び、買う喜び」である。作る喜びはいい製品を生み出す技術者に与えられる喜び、質が良く安価な製品は大衆に迎えられよく売れて利益につながる、売る喜びだ。そして「この車を買って良かった」と思ってもらう、買う喜びである。この方針を貫き、世界のオートバイ産業、自動車産業に革新をもたらしたのだった。

「若いイキのいい連中にバトンタッチする」と六十六歳で本田宗一郎社長は藤澤副社長とともに引退し、引き際の良さで世間を驚かせた。閥を嫌い、本田、藤澤の子弟は入社させず、役員の係累は入社試験を受けさせないなど徹底した方針を貫いた。社長はじめ制作部門は、同じ白の作業服で仕事に取り組んだ。

一九八九年、日本人として初の米国自動車の殿堂入りを果たし、自ら運転する車で会場に現れ話題となった。九一年、八十四歳の生涯を終えたが、各メディアは「〝技術者魂〟生涯貫く」、「時代を走った技術と信念」、「戦後経営者最後のヒーロー」とその死を惜しんだ。

本田宗一郎の蒔いたチャレンジ精神の種は、いまも小型ジェット機「ホンダジェット」の開発などに脈々と受け継がれている。

【参考文献】

本田宗一郎『夢を力に─私の履歴者』（日経ビジネス文庫）（二〇〇一年、日本経済新聞社）
藤澤武雄『松明は自分の手で─ホンダと共に二十五年』（一九七四年、産業能率短期大学出版部）
野中郁次郎『本田宗一郎─夢を追い続けた知的バーバリアン』（二〇一七年、ＰＨＰ研究所）

長谷川町子とサザエさん

戦後の日本家庭を描いた国民的漫画家

長谷川町子《はせがわまちこ》（一九二〇～一九九二）

佐賀県生まれ。上京し田河水泡に弟子入りする。一九四六年に福岡の夕刊フクニチで連載開始した、三世代の家族を中心とする家庭を題材とした「サザエさん」は五一年から朝日新聞に移り、人気を博し、二十五年に及ぶ長期連載となった。ほかに「意地悪ばあさん」「エプロンおばさん」などの作品がある。文化功労者。没後に国民栄誉賞を受賞。

❖ サザエさんを生んだ長谷川町子

「サザエでございまーす」

おなじみのテーマソングと明るい声で始まるアニメのサザエさん、毎週日曜日の夕方に放映されるテレビの人気番組である。

現在では「サザエさん」といえばアニメと思われているが、その原型は新聞に連載された四コマ漫画であった。日本の庶民の家庭を描いた漫画「サザエさん」が誕生したのは、今から七十年以上前のことであった。戦後の混乱のなか昭和二十一年（一九四六年）四月二十二日、福岡の新聞『夕刊フクニチ』に登場したのである。

ではサザエさん誕生まで、長谷川町子はどのような家に生まれ、漫画家としての道を歩んだのであろうか。町子は大正九年（一九二〇年）、佐賀県の炭鉱技師を父に持つ四人姉妹の三女（次女は夭折）として誕生した。幼い頃福岡市に転居、小学校時代は男の子とも喧嘩するやんちゃな女の子で、絵を描くことが大好きだった。先生の似顔絵を描いて叱られ、「先生のくせ」を漫画にしてクラスに回覧し〝報復〟したこともあった。

将来、絵を勉強したいと思うようになる。町子十三歳、福岡県立福岡高等女学校三年生の時、一家に転機が訪れた。父が亡くなったのである。姉の鞠子も画才があり、母貞子は二人の絵の才能を伸ばそうと一家をあげて上京することを決意した。父の遺産があったので、当分、生活に困ることはなかった。すでに女学校を卒業していた鞠子は洋画家の藤島武二の指導を受けることになり、町子は山脇高等女学校三年生に編入した。しかし、お嬢さん学校の山脇では博多弁をからかわれてなじめず、次第に人見知りになっていった。

その頃から町子は漫画に興味を持ち始め、『のらくろ』で大人気の田河水泡の弟子になりたいと思った。思い切りのいい姉の鞠子は、町子の描いた漫画のスケッチ帖をもって本人を連れて「弟子にしてください」と直接田河の家を訪ねた。売れっ子の漫画家だけに弟子入り志願者は多かったが、意外にも「なかなか上手ですね。明日からいらっしゃい」とすぐ入門を許された。

田河水泡は直接絵の指導はしなかったが、雑誌の編集者にはどんどん売り込んでくれた。天にも昇る気持ちで弟子入りを果たした町子は、十五歳で『少女倶楽部』の「狸の面」を発表、これが漫画家としてのデビューとなった。「評判花形少女めぐり」に高峰秀子などと並んで雑誌に写真入りで紹介されるなど恵まれたスタートとなった。

女学校卒業と同時に田河水泡の内弟子となり、田河家に住み込むことになった。子どものなかった田河夫妻は可愛がってくれたが、夜になると実家恋しさにしくしく泣く町子は、ホームシックに耐えられずついに一年で田河家を去ることになる。この間、父の残した遺産も底をつき、姉鞠子は洋画から挿絵画家に転向し、『婦人倶楽部』連載の長編小説の挿絵を担当し、生活の糧を得るようになる。町子の漫画は順調だった。当時朝日、毎日、読売に次ぐ国民新聞に「ヒイフゥみよチャン」、講談社の『少女倶楽部』に三人の女学生を描いた「仲良し手帖」を連載するなど大手の新聞、雑誌に長谷川町子の漫画がみられるようになった。

❖ 福岡への疎開と「サザエさん」の誕生

昭和十六年（一九四一年）十二月、日本のハワイ真珠湾攻撃にはじまる対米開戦、太平洋戦争が勃発した。姉の鞠子は朝日新聞記者と結婚したが、わずか一週間の新婚生活であった。夫は召集され、インパール作戦に参加、戦死したからである。以後、鞠子は生涯独身を通し、自らは絵を描くことをやめ町子のマネージャー役を務めることになる。

昭和十九年（一九四四年）、空襲が激しくなった東京は危険だと一家は福岡へ疎開することになった。町子はしばらく漫画から離れなければならなかったが、福岡には幼い頃住んだ家、小さな農園、海岸の砂浜など東京にはなかった生の営みがあった。ある日、博多湾の見える丘でスケッチをしているとなんと憲兵にスパイ容疑で引っ張られる出来事があった。スケッチの方向に軍事基地（雁ノ巣飛行場）があり、疑われたのだった。九州をカバーする西日本新聞社の学芸部に校閲係として勤務したこともあったが、終戦の翌日に退職した。

戦後の紙不足のなか発行された地元の新聞『夕刊フクニチ』から連載漫画の依頼があったのは終戦から一年後の一九四六年のことであった。自宅近くの百道海岸を妹と散歩している間に思いついたのは、連載する漫画「サザエさん」とその家族構成であった。姓は磯野とし、弟カツオ、妹ワカメ、父波平、母フネなどすべて海にちなんだものとなった。

十三歳で父を失った町子は二十六歳になっていた。母と姉、妹と暮らしていた町子は理想の家族を描こうとしたのだった。

「アルバイトのつもり」ではじめた連載は好評で四ヵ月に及んだ。昭和二十一年（一九四六年）十二月、戦後の混乱のなか一家は東京に戻ることになったが、東京都への転入は食糧事情悪化のため厳しく禁止されていた。『夕刊フクニチ』の記者の名目でようやく許可されたという。ちなみに長谷川町子一家が住んでいた福岡早良区百道には、のちに「磯野家広場」ができ「サザエさん発案の地」の記念碑が建てられている。

東京に引っ越す際、「サザエさん」の連載を打ち切るつもりで、最終回に独身のサザエをフグ田マスオと見合い結婚させた。上京した一家は世田谷に居を構え、姉の鞠子と姉妹社を設立、単行本『サザエさん』を自費出版した。しかし素人の悲しさ、B５判横綴じの大型で本屋の棚に入れるにも横に並べるにも置きにくいと返本の山となった。さらに姉妹社は日本出版配給から出入り禁止を申し渡される羽目になった。

上京後、再び『夕刊フクニチ』から「サザエさん」再開の依頼があり、昭和二十二年（一九四七年）一月三日から連載を再開した。再開した際、マスオがどんな顔だったか忘れ、西日本新聞東京支社に問い合わせたという。

❖ サザエさんの全国紙登場とその魅力

再開された「サザエさん」は一家の上京から題材をとった。姉と二人で設立した姉妹社から刊行した『サザエさん』第一巻が大きさの点で不評だった苦い経験を活かし、母のアドバイスもあって第二巻は普通の単行本サイズのB６判にしたところ、好評で読者から「つぎの巻はいつ出ますか」と問い合わせがくるようになった。「サザエさん」が地方から中央にでてきたのは昭和二十四年（一九四九年）十二月のことであった。創刊された『夕刊朝日新聞』、そして昭和二十六年（一九五一年）四月からアメリカの普通の家庭をテーマにした漫画「ブロンディ」に代わって朝日新聞朝刊での連載が始まった。女性の漫画家が全国紙に連載するのは初めてのことであった。しかもなんとその後二十三年も続くとは長谷川町子自身も考えていなかったのではあるまいか。

サザエさんの魅力は、東京の郊外の家に三代で暮らす中流家庭の日常を時代的背景を交えながら描いたところにある。ファッション、髪型、電話、冷蔵庫、テレビ、お風呂、流行語など当時のさまざまなことが絵と登場人物の会話からにじみ出てくる。

明るく朗らかでいささかおっちょこちょいのサザエ、勉強は苦手だが調子がよく要領のいい弟カツオ、しっかりものでやさしいワカメ、可愛いいサザエの息子タラオ、そして「バカもーん」と時々かんしゃくを爆発させるが、根は家族思いの父波平、落ち着いた態度で一家を支える母フネ、同居しているお人よしで不器用なサザエの夫マスオ……に加え、猫のタマ、何人かの親戚、友人も登場して毎回ほのぼのとした気分にさせてくれる。

ずるさ、そそっかしさなど、どの家庭にもあるちょっとした失敗、それを皆で補うといった作者の意図が伝わり、年配者から子どもまで幅広い人々に愛された。朝日新聞という全国紙での毎日の連載、子どもが真似したら困るようなことは描けないなどの制約もあり、作者の長谷川町子は時々どうしてもアイディアが浮かばず「作者病気により休載」となることもあった。

新聞の連載は、姉と設立した姉妹社から刊行され、六十八巻にもなった。サザエさんはラジオドラマ、江利チエミの主演で映画や舞台劇になったりもしたが、サザエさんを全国的にしたのは、テレビのアニメであった。今日まで続くテレビアニメ「サザエさん」の放送が始まったのは昭和四十四年（一九六九年）十月であった。フジテレビの担当プロデューサーによると番組を作るときは、必ず三世代それぞれの目線を入れるよう、一話の中に一家団欒《だんらん》のお茶の間のシーンを取り上げるようにしているという。子供がその日体験したことを話す、それをめぐって三世代がそれぞれみんなでその体験を共有する場にするのだ。

小学校五年のカツオが「学校でこんなことがあったよ」と茶の間で報告する。その話に対し二十八歳の会社員マスオが「そりゃこうなんじゃないの」と意見を言う。すると五十四歳の波平が「いや、それはこういうことだろう」と五十代の目線でものを言う。複数の目線が入ることで、一つの話題を大きく広げることができるというのだ。

「サザエさん」が子どもから年配者まで誰でも楽しめるためには、真似されたら困るなどいろいろ制約があり、筆が進まないこともあったが、それを解消したのが「いじわるばあさん」であった。人は誰でもちょっとしたいじわるをしたい本能がある。自分のできないいじわるをばあさんにやらせる──「サンデー毎日」に連載が開始されたのは、昭和四十一年（一九六六年）のことであった。週刊誌なので時間的余裕があり、子どもを考慮する必要もないとあって「サザエさん」とは違った世界が展開された。例えば、新婚旅行中の若いカップルがセルフタイマーで記念写真を撮ろうとする、シャッターが落ちる瞬間を狙ってばあさんが二人の後ろにひょいと顔を出し記念写真を台無しにするといった趣向である。

❖日本研究の資料としての「サザエさん」

「サザエさん」は単なる一過性の漫画ではない。ある時期の日本の標準的中流家庭の生活習慣や年中行事、人生の在り方などほとんどすべてが一番わかりやすい形で表現されている。外国人に「日本にはこういう季節の行事があります」、「こんなことわざもあります」、「年上と年下ではこういうふうに言葉遣いが違うんですよ」……など教えていくのに最適な材料である。時事ネタも豊富で日本社会の縮図のようなところもある。

そんなところに目を付けたのが、慶應義塾大学文学部で言語文化を専攻する岩松研吉郎教授であった。留学生向けの「日本語と日本文化」の教材として使用した。授業に使うため丁寧に何度も読んだり、粗《あら》を探したり、何か独自に発見をしよう、などとやっているうちに仲間が増え、冗談半分で始めたのが「東京サザエさん学会」というグループであった。東京在住の教員、編集者、学生数人が「サザエさん」を中心とする長谷川町子作品研究のために集まり、「シャーロック・ホームズ協会」にならって、作品から読み取れる限りを読む目的で、資料収集と分析をすすめることになった。なおこの会の研究対象は著書に限られ、テレビ・アニメは対象外である。

「磯野家の生活水準はどのくらいだろうか？　波平とマスオは高給取りか、薄給か？」

「磯野家の人々はみんな健康体なのだろうか？　波平はもう年だが持病はないのか？」

「磯野家において家庭電化製品はどのように進化していったか？」

「サザエのファッションは時代に合っていたのか？　傾向として何を好んでいたか？」

「庶民の代表選手のような磯野家の人々にとって、芸術とはどのようなものだったのか？」

……

など数々の疑問を膨大なサザエさん漫画から読み解いた東京サザエさん学会編『磯野家の謎──「サザエさん」に隠された69の驚き』は一九九二年に刊行され大ベストセラーとなった。その後も『磯野家の謎』は一九九五年に別の出版社から文庫となり、二〇〇五年、二〇一一年とそれぞれ版を改めて出され、ロングセラーとなっている。

❖ 長谷川町子の遺産

長谷川町子は平成四年（一九九二年）五月二十七日、心不全により七十二歳の生涯を閉じたが、遺言により一ヵ月間は公表されなかった。訃報は朝日新聞社とフジテレビから公表され、フジテレビは公表直後のアニメ「サザエさん」のラストのテロップで哀悼の意を表し、今後も放送を継続すると伝えた。

七月には「家庭漫画を通じ戦後の日本社会に潤いと安らぎを与えた」として国民栄誉賞が授与された。

『サザエさん』の発行部数は姉妹社版が七〇〇〇万部以上、長谷川町子の死後、朝日新聞社から文庫本と『全集』が出版されたが、朝日版は一六〇〇万部以上に達し、新聞連載漫画最大のベストセラーかつロングセラーとなっている。

東急田園都市線の桜新町駅の階段を上ると路上のサザエさん一家の銅像が迎えてくれる。サザエさん通りと名付けられた商店街を抜けると、長谷川町子美術館がある。長谷川町子が姉の鞠子と共に蒐集した美術品を広く社会に還元しようとの思いから昭和六十年（一九八五年）十一月三日に長谷川美術館としてオープンした。純粋に好きな作品―日本画、洋画、ガラス、陶芸など多岐に渡るが、町子没後は長谷川町子美術館と改め、来館者に親しめる美術館を目標に、作品の収集、展示をおこなっている。町子コーナーでは「サザエさん」などの原画や彼女自身が手掛けた陶芸や水彩画などの作品を見ることができる。毎年夏には全館あげて「アニメサザエさん展」を開催し、原画とアニメの世界を紹介している。美術館内の売店でサザエさんグッズを購入する楽しみもある。

誰でも懐かしく楽しめる憩いの場所となっている。

【参考文献】

『長谷川町子思い出記念館』（朝日文庫）（一九九八年、朝日新聞社）

長谷川洋子『サザエさんの東京物語』(二〇〇八年、朝日出版社)
東京サザエさん学会編『磯野家の謎―「サザエさん」に隠された69の謎』(二〇一一年、彩図社)

正力松太郎とマスメディア

新聞そしてテレビ

正力松太郎《しょうりきまつたろう》（一八八五〜一九六九）
読売新聞社社主、日本テレビ社長、衆議院議員、日本野球連盟会長。
富山県生まれ。東大卒業後、内閣統計局を経て警視庁に入るが、虎ノ門事件の責任を負い退官。読売新聞の経営に携わり徹底的な大衆化により部数を飛躍的に伸ばした。戦後初のＴＶ放送予備免許を受けて日本テレビを創立。プロ野球の振興にも尽力した。

❖ 正力松太郎の生い立ち

正力松太郎は明治十八年（一八八五年）、富山県に生まれた。地元の小学校から県立高岡中学に進んだ。中学四年の時校長排斥の運動がおこり、首謀者の最上級生五年の三人は放校、正力は三ヵ月の謹慎を命じられ、操行は甲乙丙丁四段階の最低丁をつけられた。しかし、頑張って四高に合格する。当時優秀な中学生はナンバースクールといわれた一高（東京）、二高（仙台）、三高（京都）、四高（金沢）、五高（熊本）、六高（岡山）、七高（鹿児島）で学び、東京帝国大学など帝大に進み、官僚になるのが出世コースとされた。

当時の旧制高校生はエリート意識が強く「弊衣破帽」で高下駄を鳴らしながら寮歌を高唱するなどばんからを売り物にし、当然高校同士の対抗戦は、母校の名誉にかけて勝負へのこだわりは異様なものがあった。

四高で正力が打ち込んだのは柔道であった。柔道、剣道、野球、庭球の四種目でおこなわれた三高対四高の対抗戦、四高は野球、庭球、剣道と相次いで敗れ、残すは柔道のみとなった。最終日、四高の四人を立て続けに破った三高の大将小島に立ち向かったのは三将の正力であった。二段の小島に対し、正力は無段、勝つ可能性はないと思われた。だが正力はこの強敵に勝った。向かい合って一礼するなり、とっさに巴投げを仕掛けた。不意を突かれた小島は宙を一回転、次の瞬間正力は送り襟締めで締めあげ勝利を奪ったのだ。捨て身の奇襲作戦「この勝負で僕は柔道の試合だけでなく、人生についていささか自得するところがあった」と正力は後に語っている。十分計算した上での奇襲作戦は警視庁から新聞社さらにテレビの世界に進出する際に生かされることになる。

四高から東大法学部に進んだ正力は、相変わらず柔道に明け暮れ、在学中に今日の国家公務員上級試験に当たる高等文官試験に合格することができず、とりあえず内閣統計局に入った。翌年高文に合格した正力は警視庁に入り、堀留、神楽坂の署長をへて監察官、官房主事、警務部長……と着実に出世街道を歩んでいった。

思わぬ事件が正力を別の世界に向かわせることになる。

大正十二年（一九二三年）十二月二十七日、後の昭和天皇当時の摂政宮の車が狙撃されるいわゆる虎ノ門事件が発生した。摂政宮は無事であったが、山本権兵衛内閣は責任をとって総辞職、警備の責任者であった正力松太郎も当然懲戒免官となった。翌年一月、皇太子のご慶事によって免官は解かれたが、正力は官界に戻ることはなかった。そうした、正力のもとに読売新聞の経営を引き受けないかとの話が持ち込まれた。

新聞は大きく二つに分けられる。知識層を対象とし、政治、経済などを主に論説を展開するオピニオン・ペーパー、もうひとつは大衆を読者として犯罪、芸能など社会ダネを編集の中心に据えるマスペーパーである。当時前者の代表は大阪朝日、東京朝日の朝日新聞、大阪毎日、東京日日の毎日新聞、福沢諭吉の創刊になる時事新報であり、後者は都新聞、そして読売新聞であった。読売は読んで字のごとく「読み物を売る」江戸の瓦版の流れを汲む新聞であった。関東大震災によって新社屋を失った読売の経営は破たん寸前であった。

❖ 正力の読売新聞改革

官界にいて新聞の影響力を熟知していた正力は引き受けることにした。問題は資金である。正力はかっての上司後藤新平を訪ね十万円の借金を申し込んだ。内務大臣、外務大臣、東京市長などを歴任「大風呂敷」といわれた雄大な構想の持ち主後藤は、自分の土地を担保にして十万円を工面してくれた。当時の十万円は現在の十億円にも匹敵する。

正力が乗り込んだ大正十四年（一九二五年）当時の読売新聞の発行部数は五万五千、正力がまずやったのはラジオ版の創設であった。同年三月日本放送協会によって初放送がおこなわれ、家庭や職場などにラジオ受信機が置かれるようになったが、新聞にとってラジオは「敵」であった。株式市況など速報性ではラジオに及ばず、新聞がラジオに協力することなど考えられなかった。読売はあえて二ページのラジオ欄を創設し、部数増大の手段としようと考えたのだ。番組の紹介を含む読売のラジオ欄は読者に歓迎された。ラジオ欄の創設以後、毎月数千部ずつ部数が伸びていった。これをみた都新聞がやがてラジオ欄をもうけ、朝日、毎日も掲載に踏み切った。正力の慧眼の賜物であった。

次に正力がやったのは、分裂していた囲碁界、名人本因坊秀哉の日本棋院と雁金準一七段率いる棋正社の対抗戦を企画し実現したことであった。対局には囲碁好きの河東碧梧桐、村松梢風、菊池寛などが招かれ、棋譜とともに魅力的な観戦記が誌面を飾り、これもまた読者を増やす要因となった。

こうした努力が実り、読売は昭和二年に十二万三千、三年に十四万七千、四年に十八万、五年に二十二万と着実の部数を伸ばしていったが、まだ夕刊を出す余裕はなく、朝日、毎日の併読紙に甘んじていた。そうした読売にとってチャンスが訪れた。昭和六年（一九三一年）九月に勃発した満州事変である。テレビのない当時、新聞や雑誌の発行部数が飛躍的に伸びるのは、①戦争、②皇室関係―戴冠式、皇太子ご成婚、ロイヤルベビーのご誕生など、③社会的大事件―大きな犯罪事件、芸能界のスターをめぐる愛憎劇などといわれる。

満州における軍事行動は、前線の兵士の活躍のみならず、「銃後で支える国民」など写真と記事、軍国美談で誌面を埋める材料に事欠かなかった。正力は待望の夕刊発行に踏み切り、朝日、毎日に追いつく全国紙にむかって進んでいった。

正力は野球に目を付けた。すでに朝日新聞は全国中等学校優勝野球大会（現在の夏の甲子園の高校野球）、これに対抗して毎日新聞は春休みを利用しての春の選抜大会を企画、実行に移し、読売がやるとすれば人気絶頂のベーブ・ルースを招くことであった。昭和九年（一九三四年）来日したルースらの全米選抜チームを相手に戦ったのは、大学や旧姓中学を卒業した選手からなる全日本軍であった。この全日本軍が母体となって東京ジャイアンツが生まれ、日本のプロ野球の誕生につながっていった。

昭和十六年（一九四一年）、新聞用紙の割り当てに伴い、日本新聞紙上初の部数公開が行われた。読売一五六万、東京日日（毎日）一四二万、朝日一二〇万でついに読売はトップの座を占めていたのであった。

❖ テレビと正力

「近頃アメリカでテレビ放映が始まりました。非常な勢いで伸びると思われるので、日本でも始めたらどうですか。一緒に出願しませんか」

こうした連絡がアメリカから寄せられたのは、戦後の混乱の中にあった昭和二十二年（一九四七年）暮れのことであった。差出人は三極真空管、トーキーなどを発明したド・フォーレ博士、受け取ったのは皆川芳造。貿易商として活動中にド・フォーレと知り合い、その発明を利用して日本で初めてトーキーの制作をおこない、戦前度々渡米しアメリカの技術を導入したアメリカ通であった。

皆川は占領軍当局や関係者を回ったが、実現の見通しは立たなかった。ド・フォーレの手紙を捨てようとした皆川に知人がアドバイスした。

「新聞関係に知り合いはいませんか」

そこで浮かんだのが正力松太郎であった。だが、正力は当時公職追放中であり、公の活動は禁止されていた。「現在の日本でテレビ事業をやれるのは正力以外にいない。追放を解除して欲しい」嘆願の手紙をド・フォーレからマッカーサー宛に出してもらった。ＧＨＱから返事がきたが、正力の追放解除には触れておらず、テレビはぜいたく品なので、ドルの支出を含まないなら許可するとのことであった。正力自身もド・フォーレのマッカーサー宛書簡を持って藤原銀次郎、池田成彬など財界人を訪れ、吉田首相もＧＨＱにテレビ局開設の意向を打診したが、やはり、ドルの使用はまかりならぬとのことであった。確かにテレビ受像機も技術もすべてアメリカから輸入せざるを得ず、当時そうしたドルなどあるはずもなかった。

こうして、初期のテレビ構想は挫折せざるを得なかったが、アメリカから興味あるニュースがもたらされた。ムント上院議員が議会で次のような演説をおこなったのだ。

「無知、飢餓、貧困を温床にして世界中に蔓延する共産主義を防ぐため、ラジオの〝ボイス・オブ・アメリカ（VOA）〟に加えて〝ビジョン・オブ・アメリカ〟と名付けるテレビ・ネットワークを、日本を含む世界の国々に建設する必要があります。日本全国をカバーするテレビの建設費用は四六〇万ドルですが、これはB29爆撃機二機と同額なのです……」

ムント演説がおこなわれたのは昭和二十五年（一九五〇年）六月五日のことであった。無知と貧困を解消するには貧しい国々の大衆に知識を与えることだ。テレビを活用すれば「視覚の爆弾」になるというのである。ムント演説に注目したのは、元読売新聞社員で、当時NHKのニュース解説を担当していた柴田秀利であった。柴田からこの情報を得た正力は直ちに動いた。

正力は近く渡米する柴田にムント上院議員に会うよう依頼する。だが、日本のテレビがアメリカによって建設、運営されることには多くの問題がある。ムント構想を突き詰めるとアメリカの価値観の押しつけであり、却って日本国民の反発を招くのではないか、実施するとして公営放送のみのイギリス方式、民間放送のみのアメリカ方式、公営と民放共存のオーストラリア方式のうち、どの方式を採用するか……など簡単にはいかないさまざまな問題が浮上してきた。

ワシントンを訪れた柴田はムント上院議員に面会する。

「アメリカの援助は喜んで受けますが、日本のテレビは日本人の手によってやらせて欲しいのです。ついては正力松太郎という人物がテレビの建設計画を具体化しつつあります。正力は追放の身であるため頓挫しています。その点をご理解いただきたい」と訴えた。

外交政策のベテランであるムントは「日本のテレビは日本人の手で……」にすぐに理解を示すと同時に全面的協力を約束し、技術、機械などの三人の専門家の日本派遣の手配までしてくれた。

やがて正力の追放解除とともに民放テレビ構想は実現に向けて動き出した。正力は豊富な人脈を利用して必要な資金集めに動き、短期間で八億円獲得に成功した。

民放テレビ創設に向かって邁進する正力の前に立ちふさがったのは、戦前のラジオ以来の放送メディアの先駆者ＮＨＫであった。アメリカの技術を導入して早期実現を図る正力ら読売新聞グループ＝日本テレビと、過去におけるテレビ研究の成果と国内の電器メーカーのテレビ受像機生産を考慮しながらじっくり進めようとするＮＨＫは激しく争うことになった。

「アメリカのテレビは広告放送によって滅びゆく」とのイギリス人の言葉を引用しながら古垣会長が危惧を表明、日本放送労働組合は「テレビは公共放送！売国テレビは絶対お断り！」と色刷りの宣伝ビラを全国に撒いた。日本テレビ側は「テレビは大衆のものだ」と反論し、世論も分かれた。具体的には周波数をアメリカ方式の六メガにという読売＝日本テレビと七メガを主張するＮＨＫが対立し、電波監理委員会での技術論争となって表面化した。同委員会は最終的に六メガで決定し、予備免許第一号は日本テレビが獲得することになった。反独占、複数競争の原理が決定の理由とされた。

❖ 街頭テレビ—プロレス、巨人戦……

巻き返しによって、本放送の開始はＮＨＫが先になったが、昭和二十八年（一九五三年）八月二十八日、日本テレビの開局記念式典がおこなわれた。屋外スタジオの庭園には招かれた各界の名士二五〇〇人が集まり、お祝いムードを盛り上げていた。

午前十一時二十分、開局式の開始と同時に日本初の民間テレビ放送が電波に乗って流れていった。挨拶に立った吉田首相は型破りの祝辞を述べた。

「テレビに関して、私が祝辞を述べる資格は実はないと考えるのであります。何となれば数年前と思いますが、マッカーサー元帥が日本におられた時分に、テレビの発明家から私のところ手紙を寄越されて、日本においてテレビをやりたいが、という申し出があったとき、マッカーサー元帥に相談しましたところ、各家庭がテレビを備えつけるにはあまり機械が高すぎて、日本の生活に合わんから考えるべきだという話で、爾来、私はテレビ反対運動をいたしておったのであります。正力君からお話があったときも、これは正気の沙汰ではあるまい、とまで申したのであります（満場哄笑）……。それにもかかわらず、私どもの反対を押し切って（拍手と笑い）正力君がこの一大事業を完成されてここまでもってこられたのは、ひとつに正力君一流の努力の結果であると申しますか、この点において、私は正力君のために深く推奨するものであります……」

正力は考えた。テレビは台数ではない。テレビを見る人が多いか少ないかだ。そこで思いついたのが街頭テレビであった。銀座四丁目日本堂前、浅草雷門前、上野公園池之端など関東地区だけでも三十九ヵ所に大型受像機を設置し、無料で日本テレビの番組を見せたのだ。独占中継権を得ていた後楽園球場の巨人戦、とくに大人気となったのはプロレスであった。力道山が空手チョップをくりだして外国人レスラーを叩きのめす。選手のゆがんだ顔の表情、荒い呼吸などブラウン管をつうじて伝えられる臨場感は対米コンプレックスを引きずっていた日本の一般国民を興奮させた。街頭テレビの前は人であふれ、車道まではみ出す有様であった。視聴者が多ければ宣伝になり広告のスポンサーもつく。

こうしてスタートした日本テレビであったが、以後民放テレビが続々誕生するきっかけとなった。

読売新聞を世界一の発行部数の新聞に育て上げ、民放テレビを創設し、日本のマスメディアを変えた正力松太郎であった。インターネットなどの普及によって新聞を読まない、定期購読しないひとびとが増え、「面白くない」とテレビの視聴者も減っている今日、正力が健在ならどのような手を打ったであろうか。

【参考文献】

佐野真一『巨怪伝―正力松太郎と影武者たちの一世紀』（一九九四年、文藝春秋）
長尾和郎『正力松太郎の昭和史』（一九八二年、実業之日本社）
志賀信夫『昭和テレビ放送史』（上・下）（一九九〇年、早川書房）

吉田茂と戦後政治

信念を通したワンマン政治家

吉田《よしだ》　茂《しげる》（一八七八～一九六七）

高知の自由民権運動の闘士竹内綱の子として生まれ、吉田家の養子となる。東大卒業後外務省に入り、外務次官、駐英大使などを歴任。戦後は外相、首相を務め、サンフランシスコ講和条約、日米安全保障条約に調印。アメリカの再軍備要請を拒否、警察予備隊を創設し「軽武装、経済復興優先」で戦後日本の方向を定めた。ワンマン宰相として知られている。

❖組閣の三条件

終戦処理のため皇族から起用された東久邇内閣の外相に就任し、六年振りに外務省に戻ってきた吉田茂は、初登庁すると大臣室に課長以上の幹部を集めて開口一番こう訓示した。

「諸君、わが国は有史以来はじめて戦争に負けたのである。残念ながら敗戦国となってしまった以上、大和民族は大和民族らしく、ジタバタするのはやめようではないか。日本のことわざに〝まな板の上の鯉〟というのがある。われわれは、対連合国との関係では男らしく堂々と対処し、一同力を合わせて再び祖国日本の運命を切り開いていこうではないか」

ポツダム宣言を受諾し降伏してからまだ一ヵ月あまりしか経っていない昭和二十年（一九四五年）九月十六日のことであった。疲労と栄養不足でげっそりやせ細った体にダブダブのモーニングを着込み、宮中の認証式を済ませたその足で外務省の仮庁舎に現れた吉田は、縞ズボンの下は茶色の兵隊靴であった、普段からお洒落だった吉田の足元に当時の状況が示されていた。だが、この〝まな板の上の鯉〟演説は、意気消沈しがちの外務省職員を奮起させるものであった。

有史以来の敗戦を喫した日本は悲惨な状況にあった。アメリカの爆撃によって一一九の都市が廃墟と化し、全国で戦災のため半焼、半壊を含めると実に二二〇万戸の住宅と家屋が失われた。九〇〇万人以上のひとびとが着の身着のまま焼け出され、さまようことになった。失われたのは住宅だけではない。都市とその周辺の工場、道路、橋、港湾施設、船舶もすべて破壊されつくされていた。

台湾、満州、朝鮮半島、東南アジア、南方諸島などかつての植民地や勢力圏から日本はすべて締め出され、しかもこれら海外から約六〇〇万人の引揚者が、すべての財産を捨てて身ひとつで敗戦の祖国に帰ってくる。原料、食糧など海外からの供給もなくなった。

こうした惨憺たる状況のなかで首相として日本のかじ取りを任されたのが吉田茂であった。首相就任を打診された吉田は三つの条件を出した。

一　金はないし、金作りもしない
二　閣僚の選定に口出し無用
三　嫌になったらいつでも投げ出す

ポツダム宣言を受諾して降伏してからまで数ヵ月、日本は混乱の最中にあった。昭和二十一年（一九四六年）四月、戦後初の総選挙が実施された。第一党となったのは鳩山一郎率いる自由党であった。首相になるはずの鳩山は組閣を前にしてＧＨＱから公職追放処分となり、断念せざるを得なかった。窮地に立った鳩山は吉田に政界入りと自由党総裁就任を持ちかける。政党入りに気が進まず、内政に関して知識も経験もない吉田は引き受けるつもりはなかったが、いつまでも首相不在では混乱が続くと考えた吉田は、外相官邸を訪れた鳩山に三条件を出して了承させたのであった。

吉田に大命が下ったのは五月十六日、だが組閣は容易ではなかった。十九日には宮城前広場に二十五万人が集まり「食糧よこせ」のデモがおこなわれ、「吉田反動内閣反対、人民戦線結成」を訴えるなか、第一次吉田内閣が発足したのは五月二十二日のことであった。この内閣の課題は「国民を飢えさせない＝食糧の確保」と新憲法の制定はじめ戦後日本再建のため数々の法律を決めることであった。

❖ 吉田の生い立ち

戦後の大混乱のなか、不本意ながら首相の座につかざるを得なかった吉田茂はどのような家庭に育ち、どのような経歴の持ち主だったのであろうか。

吉田は明治十一年（一八七八年）、高知県の自由民権運動の闘士竹内綱の五男として生まれた。父が投獄された後、父の親友吉田健三の養子となった。茂は三歳であった。養父は、イギリスの商社ジャーディン・マセソン勤務をへて船問屋として成功した実業家であった。茂は義母の士子によって厳しく育てられた。「土佐のいごっそう（気骨ある頑固者）」である実父の血を受け継ぎ、また気位の高い養父母の影響を受け、かつ健三の残した莫大な財産五十万円（現在の価格なら約百億円）を得たことはその後の人生に大きく影響する。晩年大勲位に輝いた時、「財産は使い果たしましたが、陛下から最高の勲章を頂戴したのでお許しください」と養父の墓前に報告したという。

神奈川の私立学校など四つの学校を転々とした後、落ち着いたのが，華族、皇族の子弟が通う学習院であった。学習院の校風は気位の高い茂に合い、中等科、高等科さらに大学科へと進学した。大学科は日本の将来には優秀な外交官が必要だと考えた学習院院長近衛篤麿（文麿の父）により設立された育成機関であった。茂はここで外交史、国際法、行政法、語学など外交官に必要な教育を受けた。近衛院長の急逝によって大学科が廃止されると東京帝国大学（現東京大学）法科大学政治科に編入学した。外交官試験に合格したのは明治三十九年（一九〇六年）のことであった。国運を賭した日露戦争に勝利し、日本が国際政治のなかに巻き込まれていく時期であった。同期の合格者は十一名、トップ合格は後に首相となり、東京裁判で文官ただ一人絞首刑の判決を受けた広田弘毅であった。

外交官としての一歩を踏み出した吉田は、表舞台の欧米ではなく、奉天を振り出しに中国勤務が多かった。しかし、外相、宮相、内相などを歴任した牧野伸顕の長女雪子と結婚したことが、宮中や重臣との人脈を築く一助となる。牧野に懇願し次席全権秘書官としてパリ講和会議に出席、国際舞台で外交の厳しさを知った。駐英大使を最後に昭和十四年（一九三九年）に外務省を退官するが、一貫していたのは、対英米協調であった。日独伊三国同盟には徹底して反対した。外相候補に何度もあげられながら、実現しなかったのは、親英米主義が軍部に嫌われたからであった。

日米開戦後、早期の戦争終結を目指し和平工作に奔走し、それが発覚して憲兵隊に逮捕、収監されたが、この過去も戦後は〝勲章〟となった。

❖ 吉田の方針

「戦争で負けて外交で勝った歴史はある」、吉田は親戚で後に日本医師会会長となる武見太郎に語っていた。戦争で負けて外交で勝つにはどうするのか。戦いに負けた国は戦勝国間の対立に乗ずるのだ。また占領政策を上手く利用することであった。

日本は有史以来はじめての占領を経験することになったが、対日占領政策には三つの特徴があった。

一　アメリカの〝単独占領〟

二　間接統治

三　時期による変化

占領は連合軍によるものであったが、アメリカ以外の国は来るのも遅く、人数も少なく、アメリカの〝単独占領〟に近いものとなり、トップのＧＨＱの最高司令官となったのはマッカーサー元帥であった。ということは、アメリカの方針が占領政策になることを意味した。原爆投下、ソ連参戦によって日本の降伏が予想より早く、アメリカは十分な準備の時間もなく、ドイツにおける失敗もあって、ＧＨＱ—終戦連絡事務局—日本政府—日本国民という間接統治の形をとらざるを得なかった。終戦連絡事務局（終連）は英語のできる元外交官などで構成され、ＧＨＱからの指令を政府に伝え、政府がそれを政策として国民を統治するやり方である。また、占領政策は一貫したものではなく初期の「プア・バット・デモクラティック・ジャパン」（貧しいが日本を民主主義の花園にする）は冷戦の進展とともに変化していった。

ここに吉田のつけいる策があった。アメリカ、特にマッカーサーに直接面会してアメリカからの食糧援助を要請したり、その権威を借りて過激なストを中止させるなどした。また占領軍が発する日本の実情に合わない行き過ぎた指令に対しては、終連を通じて押し戻したり、終連事務局長を交代させるなどで応じた。

国際情勢は吉田の〝意図〟した方向に動いていった。アメリカを中心とする西側とソ連中心の東側の対立、このイデオロギーを含む勢力圏争いは東西冷戦の名でよばれる事態となった。戦後に期待された米ソ協調はならず、日本に代わるアジアの安定勢力として期待した中国は、一九四九年に国民党との内戦に勝利した共産党の政権が誕生、東西対立の間にあって、日本は「反共の防波堤」として、次第に価値ある存在となっていった。

こうした状況のなかで占領を脱して講和する問題が浮上してきた。どのような方法で講和をおこなうのか。大きく分けて二つの考え方があった。ひとつは、日本が戦った交戦国すべてと平和条約を結ぶ全面講和論、もうひとつは全面講和は最善だが、米ソを中心とする東西両陣営が対立している状況のなかでは難しい点を考慮し、中ソを除外して西側諸国との講和を優先して早く独立の道を選ぶ多数講和論（単独講和）であった。

吉田は占領を脱し、早く独立を達成するためには、多数講和の途を選ぶべきだと考え、全面講和を唱える南原繁東大総長を学問を曲げ世におもねる「曲学阿世の徒」と非難し、物議を醸した。来たるべき講和会議は第一次大戦を処理したパリ講和会議とは異なり、会議の場で敗戦国が被告席に座って領土と賠償金をむしりとられるものではなく、あらかじめ連合国の間で、事前に決められた条約案が承認される場になるはずであった。そうしたことを考え、吉田は外務省内にそのための会を発足させ、賠償、領土問題などについて研究を進めるとともに、講和会議で代弁者となってくれるアメリカに「数十冊、数十万語の説明資料」を英文で作成してワシントンに送るなど着々と準備を整えていった。

問題は、講和後の日本の防衛であった。アメリカに依存するとして、独立した国家がどのような条件で他国の軍隊の駐留を認めるのか、国民を納得させる方法はあるのか。この問題に関してアメリカに日本側の考えを伝えるため、腹心の蔵相池田勇人をワシントンに派遣した。秘書兼通訳として同行したのは後に首相となる宮澤喜一であった。

「日本政府はできるだけ早い機会に講和条約を結ぶことを希望する。講和が成立しても、それ以後の日本とアジア地域の安全を保障するためにアメリカの軍隊を日本に駐留させる必要があるだろうが、もしアメリカ側からそのような希望を申し出にくいならば、日本政府として日本側からそれをオファーする方法を考えてもいい……」

❖ 朝鮮戦争の勃発とサンフランシスコ講和条約、日米安保条約

池田がワシントンから帰国した翌月、アメリカから国務省顧問ダレスが来日した。当時アメ

リカでは国務省の早期講和論と国防総省の冷戦の激化に伴う占領継続論に分かれていた。マッカーサーは占領が長期化すると、占領軍の士気が低下し、被占領国民の反感が強まることから「いかなる占領も三年が限度」と考えていた。

ダレス滞在中に勃発したのが朝鮮戦争であった。一九五〇年六月二十五日未明、北朝鮮軍が南北朝鮮の境界線三十八度線を突破して南進を開始したのだ。弱体化した韓国の実情と韓国がアメリカの防衛ライン外にあるとの認識から、中ソの了解を得ての北朝鮮の行動であった。国連の制裁決議を受けて、国連軍が出動することになったが、その大半は日本を占領していたアメリカ軍であった。占領軍が日本から去ると治安に空白が生まれる。それを埋めるため、ダレスから再軍備の要請がなされた。吉田は三つの理由を挙げてこれを拒否する。

一　財政的に不可能である

二　近隣諸国は不安に思うであろう

三　憲法上の制約がある

しかし、吉田はしたたかであった。七万五千人からなる警察予備隊を創設したのだ。「名は与えないが実は与える」、この警察予備隊が保安隊を経て今日の陸海空三自衛隊になったことはいうまでもない。

朝鮮戦争にはやがて中国人民義勇軍が参戦、国連軍の主力として出動した米軍と朝鮮半島を舞台に直接戦火を交える「米中対決」となったのである。朝鮮戦争の勃発は、特殊需要となって日本経済の復興にプラスとなり、講和の機会を促進することになった。

一九五一年九月、サンフランシスコのオペラハウスを舞台に五十二ヵ国参加のもとに開催された講和会議は、あらかじめ米英が作成した条約案に従って進められた。ソ連が提出した修正案は採択されず、米英案はそのまま通過した。吉田全権は日本語で受諾演説をおこなったが、ペンで便箋に書き、随員が手分けして毛筆で巻紙に清書したものを議場に持ち込んだ。「この条約は復讐の条約ではなく、和解と信頼の条約であります……」。巻紙を繰りながら原稿を淡々と読み上げる姿に各国全権は「あのキングサイズトイレットペーパーは何だね」と言ったという。

この条約に不満のソ連、ポーランド、チェコは署名せず、四十九ヵ国が調印した。中国は北京と台北二つの政権に分かれていたためどちらの代表も招かれていなかった。

サンフランシスコ講和条約が結ばれた日、吉田は別の場所でもうひとつの条約にサインした。日米安全保障条約であった。講和後も米軍が安全保障のため日本に駐留し、日本側は基地を提供することを定めた条約に吉田は一人で署名したのであった。講和条約は全権団全員がサインしたのに対し、安保条約は吉田のみが署名したのは、国内で反対の多かった安保条約だけに自分一人で責任をとろうとしたのである。

ワンマンといわれ、大磯の豪邸で白足袋を履き、葉巻をたしなむ姿は庶民とはかけ離れていた。しかし、マッカーサーに対しても卑屈にならず、「四五〇万トンの食糧を輸入しないと多数の餓死者が出ます」と訴え、六分の一以下の七〇万トンの輸入で済み餓死者も出なかったことをとがめられると、「日本の統計数字が正しければあのようなみじめな敗戦はありませんでしたよ」と答え、元帥を苦笑させたこともあった。敗戦国の首相としてユーモアのセンスもあり、己の信念を曲げず「軽武装、経済復興優先」で戦後日本の方向を定めたその姿勢は「吉田学校の優等生」といわれた池田勇人、佐藤栄作など有能な後継者を育てたことを含め、後年改めて高く評価されるにいたったのは当然であった。

【参考文献】

吉田茂『回想十年』(全四巻)(一九五七年、新潮社)
高坂正堯『宰相吉田茂』(一九七六年、中央公論社)
麻生和子『父吉田茂』(二〇一三年、新潮社)

古賀政男と歌謡曲

永遠の古賀メロディ

古賀政男《こがまさお》（一九〇四～一九七八）
福岡県生まれ。明治大学に入学しマンドリン倶楽部創設に参加。日本コロンビアと専属契約し多数のヒット曲を生み出した。郷愁と近代性をミックスした旋律は「古賀メロディ」として親しまれ、今も歌い継がれている。歌謡曲の大御所として日本作曲家協会を設立しレコード大賞制定に尽力した。没後国民栄誉賞を贈られた。

❖ 永遠の古賀メロディ

「永遠の古賀メロディ」といわれる。

古賀政男の処女作は「影を慕いて」だ。作詞作曲のこの曲は、満州事変が勃発した昭和六年（一九三一年）、藤山一郎が歌ってヒットし、作曲家古賀政男誕生のきっかけとなった。かつての古賀の住宅のあとに建てられた代々木上原にある古賀政男音楽博物館には多くの歌手が歌った「影を慕いて」が収録されており、聴き比べることができる。六十年後に森進一が歌っても古さを感じさせず、人の心を打つ。演歌歌手ばかりではない。映画俳優の石原裕次郎、勝新太郎、クラシックの藍川由美がウィーン・シンフォニックアンサンブルをバックに歌っても上手さ、表現に違いがあっても訴えるものがある。時代を超え、どの歌手が披露しても色あせないのは底に流れる何かがあるのだ。大正琴、三味線、尺八など日本の楽器とともにマンドリン、ギターなど西洋の楽器や西洋音楽の魅力を自分のものとして取り入れ、独創性や音楽的探究心を絶えず追求した結果作られた曲だからではなかろうか。

古賀の作曲は、生涯に四千以上に及んだが、「影を慕いて」、「酒は涙か溜息か」、「悲しい酒」のようなしんみりしたものから「丘を越えて」、「青い背広で」、「東京ラプソディ」に代表される明るい歌、「二人は若い」、「あゝそれなのに」のようなコミックソング、さらに軍国歌謡までその幅の広さは驚くばかりである。なぜ古賀は日本人に好まれ、長続きする歌を作ることができたのであろうか。その秘密は彼の生い立ちから解き明かすことができるのではないか。

❖ 古賀の生い立ち

古賀政男は福岡県三潴郡田口村で男六人、女二人の八人兄弟の六番目の子として生まれた。「この子は大師様のお遣いで生まれた子かもしれないから、何があっても手放してはいけないよ」政男が生まれた日、〝何か〟を感じてか祖母の八尾はつぶやいたという。

田口村は現在大川市と名が変わったが、古賀には幼い頃見たたそがれの筑後の空が見事な茜色に染め上げられて広がっていく景色が脳裏に焼きついていた。故郷への愛着、それはヒット曲「さざんかの宿」で有名になった最後の弟子に郷里の大川と当時の首相佐藤栄作を合わせて「大川栄策」と名乗らせたことにも示されている。大川の隣が北原白秋を生んだ柳川市、森繁久弥から「柳川や白秋ありて古賀ありて」の句を送られた古賀は「白秋先生と並んで詠みこんでいただくのは恐縮のかぎり……」といいながら大変嬉しかったらしい。幼時の政男の心を捉えたのは小学唱歌ではなく、門付けにやってくる旅芸人の月琴やサーカスのクラリネットであった。古い羽子板に三味線の糸を張り付けてかき鳴らした。後にギターを抱える古賀の原型であった。

生家は極めて貧しく一番上の兄は小学校を終えると、当時日本の統治下にあった朝鮮の金物屋へ丁稚奉公にいき、やがて下の三人の兄も長兄の後を追って朝鮮半島へ渡った。父が早く亡くなり、政男も兄を頼って朝鮮の仁川に渡る。七歳から十七歳までの十年間かの地で過ごしたが、この間、兄嫁の琴を独習し、五線譜を習い、さらに即興で琵琶も弾きこなした。母方の親戚にあった大正琴の魅力も知った。この頃からさまざまな楽器に触れ、心のなかに音楽が入り込み〃驚き〃が将来の多彩な作曲へとつながっていった。さらに外地の朝鮮半島で感じやすい時代を過ごした体験も独特の古賀メロディを生む下地となった。

❖ 音楽の道へ

京城（現ソウル）の名門校善隣商業に入学した古賀が熱心に取り組んだのは文学と音楽だった。文学書に親しみ、同人誌を作り詩を書き雑誌に投稿もした。それがのちに詩を生かす作曲に役立ったことはいうまでもない。音楽に関しては、校内で有志を募り楽団を結成した。楽団といっても各自がハーモニカ、大正琴、バイオリンなど持ち寄り、古賀が編曲した「天然の美」、「越後獅子」、「春雨」などを演奏し、校内で披露して評判となり、同窓会やクラス会から「来て欲しい」と依頼されるなど大人気の存在となった。楽団のみならず、古賀は合唱団も作った。古賀がこだわったのは楽団せよ、コーラスにせよ、大衆が好む曲を選ぶことだった。商業学校三年のとき大阪にいた四番目の兄からマンドリンが届いた。夢にまで見た楽器を手にしたのだ。商業学校を卒業した古賀は大阪の兄のもとで働くことになる。大正末期の大阪には文化の花が咲き乱れていた。東京の大学に進学したかった古賀はマンドリンの練習と受験勉強は欠かさなかったが、昼の仕事の疲れから睡魔に襲われる毎日であった。そんな古賀にとって唯一の楽しみは休みを利用していく宝塚歌劇であった。一番安い天井桟敷から見る暗い場内に浮かび上がる舞台とオーケストラボックス、歌と演奏、特に楽士の動きに魅せられ、自分も早く演奏したいとの思いは強くなるばかりであった。宝塚で上演された曲目の譜面を買い、帰ってからマンドリンで弾いてみる。乏しい小遣いのなかでのたったひとつの贅沢だった。音楽心を刺激された政男は、無断で兄の店を離れ、東京の従兄を頼って上京する。明治大学予科に入学、入学当初まともな食事もとれないほど貧しかったが、音楽への情熱は消えることなくマンドリン倶楽部創設に参加した。

明大マンドリン倶楽部で腕を磨くうち、音楽教室でギターとマンドリンを教えるアルバイトの仕事も見つかり、ようやく生活が安定した。しかし、大正から昭和へと移行する時期の世情は不安であり、不景気が広がっていた。レッスンの教え子との恋に破れ、前途に不安を覚えた政男は友人と東北の温泉に旅した。自殺さえ考えたその旅行の時浮かんだのが「影を慕いて」の詞であり、メロディであった。当たって砕けろとばかり当時の大スター佐藤千夜子に学生の身で自宅を訪ね直接出演交渉したところなんと承諾してくれた。こうして明大マンドリン倶楽部の演奏会で「影を慕いて」が大スターによって世に出た。日本ビクターでレコード化され、作曲家古賀政男が誕生した。昭和四年（一九二九年）のことであった。

❖ 作曲家古賀政男の誕生

佐藤千夜子が歌った「影を慕いて」は売れなかったが、その才能を見抜いた人の推薦によってコロンビアレコードと専属作曲家として契約、ようやく音楽で身を立てることになった。当時、コロンビアレコードに出入りしていた東京音楽学校（現東京芸術大学）の学生増永丈夫の明瞭な歌声に目を付けた古賀は自分の曲を歌わせようとする。増永は慶應普通部（中学）時代から音楽の才能を発揮し、将来クラシックの歌手として身を立てるべく上野の音楽学校に進んだのだった。実家が倒産、借金返済のためまとまった金が必要となった増永にその誘いは魅力であり、受けることにした。しかし、官立の音楽学校の学生が流行歌を歌うのは校則違反である。窮余の一策として芸名を藤山一郎として吹き込んだ「キャンプ小唄」は好評であった。同じコンビで出した「酒は涙か溜息か」は詞とメロディが不況の時代にマッチし、藤山の声を抑えて歌うクルーン唱法と相まって大ヒットとなった。「影を慕いて」も藤山の吹込みによってこれもヒットした。続いて発表した明大マンドリン倶楽部をバックに藤山が高らかに歌い上げた「丘を越えて」によって、古賀の作曲家としての才能は全開したのであった。

古賀―藤山のコンビは続くと思われたが、音楽学校卒業後当然コロンビアに来ると思われた藤山がビクターに入社したことで当然コンビは解消となった。やがて古賀は山田耕筰夫妻の媒酌で松竹少女歌劇のスター中村千代子と結婚したが、一年も経たずに破局。離婚のわずらわしさと病気療養を兼ねて旅館の温泉に浸かっているとき、声を掛けてきたのは関西でレコード会社テイチクを創業した南口重太郎であった。東京進出を目論む南口にとって古賀は是非とも欲しい作曲家であった。コロンビアやビクターの外資系の基盤がしっかりしたレコード会社とこととなり、テイチクは成り上がりの二流だったが、ヒットが途絶えた古賀へのコロンビアの対応の不満に加え、テイチクが文芸部を設立し、レコードの企画、吹込みについて一切の権限をも任せるとの好条件を出したため、遂に移籍を決断した。テイチクに移って映画主題歌「白い椿の唄」、「二人は若い」のヒットを飛ばすが、ミリオンセラーを狙って藤山一郎をテイチクに入社させることを切望した。藤山もビクターとの契約が間もなく切れ、古賀と組めば大ヒットが期待できると判断、四年ぶりに古賀—藤山の強力コンビが復活した。

コンビ復活第一作はどのような曲にするか。都会風の洗練されたメロディがいい。自家用のフォードの席に身をゆだね初夏の洋光のなか神宮外苑を走っているとき頭のなかにメロディが浮かんだ。曲がまずできた。問題はそれを生かす詞である。西條八十門下の門田ゆたかを古賀の家に呼び出し、小節ごとの字句の数を納得させ、徹夜で銀座、神田、浅草、新宿……と東京の名所を織り込んだ曲にぴったりの詞が生まれた。「東京ラプソディ」として発売された軽快なフォックストロットは昭和モダンを謳歌する歌として大ヒットした。古賀・藤山コンビで、「男の純情」、「青い背広で」、ディック・ミネが歌った「人生の並木道」、美ち奴の「ああそれなのに」など古賀作品の相次ぐヒットによってテイチクは流行歌黄金時代のトップに立つことになる。

だが、急成長したがゆえに社員のなかに増長や堕落の風潮がでてきた。古賀は是正に努力したがむなしい努力に終わり、社自体も昭和十二年（一九三七年）七月に勃発した日中戦争を利用する曲の制作に方針を転換するなど、遂に古賀は「人生劇場」を最後に新天地を求めてテイチクを去ることにした。

❖ 海外視察と戦争の時代

失意の古賀に思いもかけない依頼が来た。日中戦争以来日米間にはギクシャクした関係が生じていた。外務省はアメリカでも有名な歌手が古賀の曲を歌っていることを知り、音楽親善使節として渡米を要望してきたのである。テイチクを正式に退社した古賀は秘書一人を連れて約一年間の予定で日本を後にした。昭和十三年（一九三八年）十一月のことであった。ハワイ経由ロサンゼルス到着、熱狂的に歓迎する日系移民と交流し、「二世行進曲」を発表した。車でアメリカ大陸を横断しニューヨークに着いた古賀はアメリカ最大のネットワークＮＢＣの短波を通じて「酒は涙か溜息か」、「丘を越えて」、「男の純情」など五曲を全世界に向けて発信することができた。この間南米にも足を伸ばし、アルゼンチンではギターの最高権威アントニオ・シノポリの知己を得る。ヨーロッパ行きは国際情勢の変化に伴い断念せざるを得なかったが、この旅行は国際親善への多大な貢献とともに、古賀に自信を持たせることになった。

帰国後、コロンビアに復帰した古賀は、極めて日本的な「誰か故郷を想わざる」を発表する用が、発売当初の売れ行きは芳しくなかった。苦肉の策として中国戦線など外地の将兵の慰問用にレコードを送ったところ、兵士たちの間で愛唱され、日本に逆上陸しての大ヒットとなった。その後「新妻鏡」、「目ン無い千鳥」、「熱砂の誓い」など映画主題歌としてヒット曲を次々世に送ったが、やがて太平洋戦争に突入した日本にあって古賀の活躍の場は限られるようになった。「二人は若い」、「あゝそれなのに」など軟弱であると発売禁止となり、弟や養子も兵役に服し、生死も不明の状況となった。国民の士気を鼓舞する軍国歌謡は作曲しても古賀の意に沿うものではなかった。

昭和二十年（一九四五年）八月十五日の終戦を迎えたのは疎開先の山梨県河口村であった。日本は連合国によって占領されることになった。ある日占領軍の米兵数名がジープ二台に分乗してやってきた。なんと日本占領に備えて日本語教育を受け、日本の事情を知るためテキストとして日本映画を見ていた彼らが、日本にいったら気に入った「東京ラプソディ」の作曲家古賀を訪ねようとわざわざ山梨までやってきたのだった。また在日韓国人から「先生は本当は朝鮮の方ではないのですか」と問われたこともあった。「自分の音楽」は日本はおろか世界の人々に愛されていると知った古賀は再起を決意する。

❖ 戦後の活動と古賀の遺産

敗戦に打ちひしがれ、食糧はじめすべての物資が不足しその日の生活にも苦しむ日本国民の数少ない娯楽といえばラジオと映画であった。戦後の古賀は映画「三百六十五夜」の主題歌「恋の曼珠沙華」に始まり、「湯の町エレジー」が空前のブームを呼ぶことになった。その後、うぐいす芸者神楽坂はん子の「ゲイシャ・ワルツ」、「こんなベッピンみたことない」、島倉千代子の高く細い声を生かした「りんどう峠」、「あんなあくの強いのはだめだ」の反対を押し切ってラジオで聞いた浪曲師村田英雄をあえて起用して大ヒットに仕上げた「無法松の一生」、美空ひばりの魅力を生かした「悲しい酒」、「柔」など古賀の曲を最大限表現してくれる歌手が次々と生まれ、あるいは古賀自身が発掘していった。

「わたしの歌謡曲は歌詞が姉でメロディは妹」というように、古賀は佐藤惣之助、西條八十、サトウハチローなど優れた作詞家に恵まれた。

正式な音楽教育を受けたことのない古賀に対する専門家の批判があることは本人が十分自覚していた。しかし古賀は言い訳や反論は一切しなかった。「最後に判断してくれるのは大衆だ」とのゆるがぬ信念をもっていたからである。

同時に古賀は作曲家や歌手をはじめ歌謡曲を中心とする大衆音楽を育て保護しようと動いた。日本作曲家協会を設立し、初代会長となり、日本レコード大賞を制定し運営委員長を引き受け、社団法人日本音楽著作権協会理事に就任するなど積極的な活動にかかわっていった。

昭和五十三年（一九七八年）七月二十五日、古賀は自宅で倒れその日にうちに七十三歳の生涯を終えた。同日付けで日本の音楽界に与えた多大な功績に対して国民栄誉賞が贈られた。長年住み慣れた代々木上原の地に音楽創造に邁進する同志を集めて音楽村を作ろうとの構想を持っていた古賀の意思を引き継いで誕生したのが、古賀政男音楽博物館である。古賀政男関連の展示はもちろん、日本の大衆音楽文化の発展に貢献した作詞家、作曲家、歌手、編曲家、演奏家を顕彰し、その業績を称え偲んだ「大衆音楽の殿堂」コーナー、関係図書や楽譜の閲覧、古賀メロディが主題歌に使用された懐かしの映画を楽しむ場所も用意されている。毎年開催される「古賀政男メロディ・カラオケ大会」などアマチュアが歌う機会も定期的にあり、今日もどこかのテレビ、ラジオから古賀メロディが聞こえてくる。

【参考文献】

古賀政男『自伝わが心の歌』（一九八二年、展望社）
財団法人古賀政男音楽文化振興財団編『夢人生を奏でて—古賀政男生誕百年記念告別版』（二〇〇四年、同財団）
菊池清麿『評伝古賀政男—青春よ永遠に』（二〇〇四年、アテネ書房）

黒澤明と日本映画

日本映画を世界に認めさせたクロサワ

黒澤《くろさわ》　明《あきら》（一九一〇〜一九九八）

東京生まれ。P・C・L（現・東宝）に入社。山本嘉次郎監督に師事し「姿三四郎」で監督デビュー。「羅生門」でヴェネチア国際映画祭グランプリ受賞。「七人の侍」「乱」「デルス・ウザーラ」など斬新な作品は全世界で知られ各国の映画監督にも影響を与え「世界のクロサワ」と呼ばれている。映画人初の文化勲章受章。没後国民栄誉賞。

❖ 予想もしなかった「羅生門」のグランプリ受賞

「あなた、おめでとうございます」

自宅近くの多摩川へ釣りに行き、糸を切られ収穫ゼロで帰宅。重い足取りで玄関のドアを開けると夫人が飛び出してきた。

「国際映画祭で最高の賞をいただいたとの連絡がありました」

昭和二十六年（一九五一年）九月十日のことであった。黒澤明が監督として撮影した「羅生門」がベネチア国際映画祭でグランプリを受賞した知らせが届いたのだった。芥川龍之介の原作「藪の中」と「羅生門」を下敷きに戦禍と疫病と天災のうち続く平安時代の風俗を映画化したこの作品は、一部のインテリには支持されたが、一般のファンには「わかりにくい」と不評で興行成績も振るわなかった。会社も黒澤作品は当たらないと受賞にもはじめは冷淡であった。黒澤の師匠にあたる山本嘉次郎監督は「黒澤明グランプリ、永田雅一（大映社長）シランプリ」と皮肉った。ベネチア国際映画祭は、カンヌ、ベルリンと並ぶ三大国際映画祭の一つであり、もっとも歴史があり、そのグランプリ獲得がどれほどの価値があるか、当時の日本で知るひとはほとんどいなかった。だが、グランプリ作品に与えられる「サンマルコの獅子像」が到着すると、改めてこの賞の重みが認識されることになる。

「羅生門」の受賞、いやベネチア国際映画祭への出品さえひとりのイタリア人女性の努力なくしてはありえなかった。日伊交換留学生として来日、京都大学で日本の古美術と日本文学を研究していたストラミジョリ女史は、同時にイタリア・フィルム社の社長としてイタリア映画の日本輸出を手掛ける傍ら、こまめに日本映画を見て回った。テーマの扱い方、描き方、そこに流れる精神と人間性、夏の太陽のギラギラした光をダイナミックに捉えたカメラワーク、ボレロのリズムを用いた音楽、三船敏郎、京マチ子、志村喬、森雅之など個性的な俳優の演技……。

意欲的な作品「羅生門」の衝撃を受けた女史は、この映画を母国イタリアの国際映画祭に出すべきだと考え働きかけた。しかし、日本側、特に大映本社は乗り気ではなかった。イタリア語の字幕を入れる費用の三十五万円さえ出そうとせず、ストラミジョリさんが工面したほどだった。黒澤自身、自分の作品が参加していることすら知らなかった。本人にも寝耳に水だったが、世界はこの映画に目を見張った。イタリアの巨匠フェデリコ・フェリーニは「羅生門」の木漏《こも》れ日の場面が特に印象的だったという。「太陽があり、木の葉があり、完全な静寂、沈黙が存在した。透明な光の繊維の一本一本が私の中に入ってくるような気がした」、平成二年（一九九〇年）に来日したフェリーニは三十九年前に見たこのシーンを鮮明に覚えていた。

グランプリ受賞が伝えられた九月十日はサンフランシスコ講和条約が調印されて二日後のこと、日本国民にとっては二重の喜びであった。受賞によって「羅生門」には世界各国から買い付けの注文が殺到した。そして黒澤の名が世界に知られるきっかけとなった。

なお「羅生門」がいかに高く評価されたかは、ベネチア国際映画祭誕生五十周年記念行事のひとつとして歴代グランプリ受賞作品のなかから最高傑作に選ばれ「獅子のなかの獅子─栄誉金獅子賞」が与えられたことにも示されている。

❖ 黒澤明を世界に認めさせた「七人の侍」

映画監督としての黒澤の名を世界に認めさせたのは「七人の侍」であった。

それまでの時代劇は、歌舞伎などの影響を受けて衣装、決闘シーンを含め絵空事が多く、もっとリアルな作品を作ろうとアイディアを練った。いろいろ考えた末、「武士を雇う農民」をストーリーの根幹に据えることにした。戦国時代、前の年野武士の群れによって略奪の憂き目にあった貧しい村人たちは、再び彼らが襲ってくることを知り、浪人中の武士を雇うことにする。町に出て侍を探すがなかなか見つからない。そうした折、盗人の人質に取られたこどもを救い出す初老の浪人の姿に接した。剃髪し坊さんの姿で相手を安心させ見事にこどもを取り戻す手腕を見て、この侍こそ野武士から村を救ってくれる人物だと頼み込むが無理だと断られる。やるとしても七人が必要だというこの浪人勘兵衛の人柄に心酔した五人—参謀役となる五郎兵衛、若侍勝四郎、勘兵衛のかつての相棒七郎次、快活な平八、剣の達人久蔵が集まるが、もうひとり柄の悪い浪人風の男が勝手についてくる。菊千代と名乗るが武士でないことを見抜かれる。村に着いた一行ははじめ警戒されるが、菊千代の型破りな行動で村人の信頼を得ていく。軍師役の勘兵衛は村を守るにはどうすればよいのか、付近の地形を調べ、村を要塞化するとともに村人も戦闘に加わるよう組分けをするなど着々と準備を整えていく。この間村の百姓が別に落ち武者を集めていることを知り侍たちは激怒する。ずるがしこい百姓たち、しかし百姓出身の菊千代のそうさせたのはこれまでの略奪を繰り返してきた侍の行いの結果だとの叫びに勘兵衛以下も怒りを収めざるを得なかった。

収穫の時期がきて野武士集団の襲来が迫る。野武士を迎え撃つ勘兵衛が指揮する七人の侍と村人たちの戦闘……。

脚本は数人がかりで何度も書き直され、衣装もきらびやかなものでなく、ストーリーに合う着古したものを手間をかけて人数分用意した。東宝撮影所付近に巨大なオープンセットを作り、伊豆、箱根の山村でロケをおこなうなど二億円の予算をはるかにオーバーし、撮影期間も大幅に延長せざるを得なかった。

公開されたこの作品は沈着冷静なリーダー勘兵衛役の志村喬、いささか軽率だが愛すべきキャラクターの菊千代を演じた三船敏郎など実力派俳優を起用しての人間の描き方、雨中の壮大な合戦シーンと相まって大ヒットとなり、海外にも大きな影響を与えた。ハリウッドではこの作品の翻案、七人のガンマンが貧しいメキシカン部落を襲う無法者を制圧する「荒野の七人」が作られ、「ゴッドファーザー」のフランシス・コッポラ、「スター・ウォーズ」のジョージ・ルーカス、「ジョーズ」のスティーブン・スピルバーグなど欧米の若い映画監督は「七人の侍」はじめ黒澤作品に大きな影響を受けた。

❖ 黒澤の生い立ちと三船敏郎との出会い

黒澤は中学時代、内外の文学を読み漁った。特に影響を受けたのはドストエフスキー、トルストイ、ツルゲネーフなどのロシア文学であり、人生観、倫理観の形成に大きな要素となった。それは後にシェークスピアのマクベスを翻案し鎧を使って能の様式美を追求した「蜘蛛巣城」となり、ドストエフスキーの「どん底」の日本版となって結実した。

当初画家を志したが、映画に興味を持ち一九三六年難関を突破してP・C・L映画製作所（後に東宝と合併）に入所し、映画の世界に入ることになった。名作「馬」などを発表した山本嘉次郎監督の下で助監督を務める傍ら、いくつかの脚本を書き、映画化はされなかったが、脚本家としての才能も高く評価される存在となった。監督としてのデビューは柔道をテーマとした「姿三四郎」（昭和十八年）、以後戦後にかけて「わが青春に悔いなし」、「素晴らしき日曜日」、「野良犬」など通常の娯楽作品とは異なる社会派の人間ドラマの傑作を世に送った。

黒澤にとって幸いだったのは、三船敏郎という俳優を得たことであった。そもそも三船は俳優志望ではなかった。陸軍の写真班で働き、同じ班の先輩が除隊になる折「満期になったら撮影所へ来い。撮影助手として使ってやる」といわれたことを思い出し、復員後東宝の砧撮影所を訪ねた。撮影助手志願の申込書が間違って俳優志願となり三船は面接を受ける。東宝ニューフェース一期生のテストであった。審査員に「笑ってみたまえ」といわれ「おかしくもないのに笑えません」と答えるなどふてぶてしい態度で不合格の烙印を押された。だが会場にいた高峰秀子が「一人すごいのがいる」と審査に加わっていなかった黒澤明に知らせ、山本嘉次郎も「ただならぬもの」を感じて改めて採用といういきさつがあった。

黒澤と三船が組んだ最初の作品は「酔いどれ天使」であった。アル中の酔いどれ医者志村喬の汚い病院に銃弾をぶちこまれたやくざがやってくる。麻酔もかけず体に食い込んだ弾をとりだす。わめき、歯を食いしばる三船の野獣のような演技。以後、黒澤作品に三船は欠かせない存在となった。

官庁汚職の構造にメスを入れた「悪い奴ほどよく眠る」、スーパーマン三十郎を登場させ三船と仲代達矢との活動写真的な派手な立ち回りのすごみを売り物にした「椿三十郎」、そして「用心棒」、人間愛を描いた「天国と地獄」、「赤ひげ」を問い、娯楽作品として収益も見込める話題作を次々と発表していった。しかし、テレビが普及し、日本における映画産業の斜陽化とともに黒澤の活動の場は次第に限られていった。

❖ 外国に活動の場を求めて

日本での活動の場が限られた黒澤が、新たな活躍の舞台を求めたのは海外、特にアメリカであった。ハリウッドのオファーを受けた黒澤は「暴走機関車」の制作に入った。しかし、脚本に黒澤は納得せず、制作方針をめぐってプロデューサーと対立、遂に断念せざるを得なかった。

次に取り組んだのが、真珠湾攻撃を中心とする日米開戦を描く日米合作「トラ・トラ・トラ」であった。20世紀フォックス側の発表では黒澤は日本側部分の演出担当、黒澤プロ側の発表と報道では総監督となっていた。膨大なシナリオを用意し、戦艦長門、空母赤城を実物大で作成、キャスティングも非商業俳優で固めるなど意欲満々であった。結局制作方針をめぐる食い違いから途中で監督を降りる事態にまで発展した。根本は編集権をめぐる対立であった。アメリカの観客向けのものは、アメリカ側が最終的に編集するとの条件を黒澤は絶対に認めようとはしなかった。次に挑んだ初のカラー映画「どですかでん」は興行的に失敗に終わった。気落ちした黒澤は自殺未遂事件まで引き起こす。

ようやく立ち直った黒澤が取り組んだのが、三十年も温めていた企画「デルス・ウザーラ」であった。当時のソ連の全面的協力を得て完成、日本では評価が分かれたが、モスクワ国際映画祭金賞、アカデミー外国語映画賞に輝く傑作となった。昭和四十九年（一九七四年）四月四日、シベリアの荒野に六十四歳の黒澤の力強い声が響き渡った。

「プリガトーピリシ（用意）！　ナチーリ（スタート）！」

シベリアの密林を舞台に狩猟で生活する少数民族のデルス、極寒、酷暑など自然との闘い、ロシア人隊長との友情などを盛り込んだスケールの大きい作品は、アメリカのみならず、ロシアにおいても黒澤の名を不動のものとし、内外に黒澤復活をアピールすることになった。

これがきっかけとなり、外国資本参加による映画制作をつづけることになる。ルーカスとコッポラを外国版プロデューサーとした「影武者」（昭和五十五年）、フランスとの合作「乱」（昭和六十年）、アメリカのワーナー・ブラザース制作でスピルバーグが参加した「夢」（平成二年）と次々と話題作を世に送った。

昭和六十年（一九八五年）、映画界の人物として初の文化勲章受賞者となった。ちなみにこの年に文化勲章を受賞したのは、円地文子（小説）、相良守峯（ドイツ語学、ドイツ文学）、西川寧（書道）、和達清夫（地球物理学）であった。

❖ 黒澤明の遺産

黒澤明は八十八年の生涯において、デビュー作「姿三四郎」から遺作となった「まあだだよ」まで合計三十の作品を残したが、いつも全力投球、一作撮りおわると身も心もぼろぼろになって入院するほどの入れ込みようであった。撮影現場を見た吉村公三郎監督が「クロさん、映画なんて、そう死に物狂いで撮るもんじゃないよ」と忠告したほどであった。

黒澤は絶えず「なにを描くか」、「人生をいかに生きるか」を問いかけ、観念的なテーマに対し非凡な表現力でリアリティを持たせた。

黒澤作品から国際スター三船敏郎が生まれ、精巧なセット、望遠レンズの多様、複数カメラの同時使用により様々な方向から撮影するマルチカム手法、脚本の共同執筆など内外の映画制作に大きな影響を与えた。映画の普遍性、芸術性を高め、可能性を探求し、まさに映画は世界の共通語であることを実証したのが黒澤であった。

平成二年（一九九〇年）、黒澤はアメリカのアカデミー名誉賞を受賞した。授賞式の折、ルーカスとスピルバーグは「現役の世界最高の監督です。〝映画とはなにか〟に答えた数少ない映画人にこの賞を贈ります」と心をこめた祝辞でその業績を称えた。平成十年（一九九八年）九月、八十八歳でその波乱の生涯を閉じたが、映画人として初の国民栄誉賞を受賞、アメリカの週刊誌『タイム』（アジア版）は「今世紀でもっとも影響力のあったアジア人二〇人」に黒澤を選び、日本人は改めて日本映画を世界に認めさせ作品の模倣までされたこの偉大な映画監督の果たした役割を知ったのだった。

【参考文献】
佐藤忠男『黒澤明の世界』（朝日文庫）（一九八六年、朝日新聞社）
都築政昭『黒澤明―全作品と全生涯』（二〇一〇年、東京書籍）
橋本忍『複眼の映像―私と黒澤明』（二〇〇五年、文藝春秋）

古橋廣之進
水泳

戦後日本に
希望を与えた
フジヤマの
トビウオ

古橋廣之進《ふるはしひろのしん》（一九二八〜二〇〇九）
日本水泳連盟会長。
静岡生まれ。日本大学在学中から活躍。戦後、日本選手として初めて渡米し、次々に世界新記録を樹立し、「フジヤマのトビウオ」と言われ、戦後の日本人に希望を与えた。全盛期を過ぎて参加したヘルシンキ五輪では惨敗し日本人を落胆させたが、その後水泳界に貢献し、日本オリンピック委員会の会長も務めた。文化勲章受章。

❖ 戦後日本の希望の星

「日本の皆様、どうぞ決して古橋を責めないでください……古橋は敗れました。しかし、古橋の偉大な足跡は厳然として、日本のスポーツ界に残るのであります……」

昭和二十七年（一九五二年）、ヘルシンキからオリンピックの競泳四〇〇メートル自由形決勝を実況中継したNHK飯田次男アナウンサーの涙ながらの声がラジオから流れていた。不調とはいえ「古橋なら最後にやってくれるだろう」と期待して聴いていたひとびとは、何とか決勝には残ったものの八位に終わった結果に「やっぱりだめだったか」とラジオの前で涙した。

敗戦に打ちひしがれ、歴史上はじめての外国軍隊による占領を体験した日本人を明るくしたものが三つあった。

第一は並木路子が歌った「リンゴの唄」であった。戦時中、軍歌と国民歌謡しか耳にすることしかなかった庶民にとって「リンゴの唄」の明るいメロディは、平和が来たことを実感させるものであった。

第二は、川上の赤バット、大下の青バットに代表される職業野球の復活であった。戦時中、アメリカ生まれの「敵性スポーツ」として弾圧された野球は、野球好きの日本人を統治するため占領政策に利用したGHQの意図もあって、学生野球はもとよりプロ野球が奨励され、暗い世相に明るい話題を提供していった。

第三は、古橋廣之進に代表される日本水泳陣の大活躍であった。

昭和二十三年（一九四八年）、ロンドンで戦後初のオリンピックが開催されることになった。戦後の混乱と食糧不足のなかで、日本大学の古橋と同僚の橋爪四郎は好記録を出していた。オリンピックへの参加を希望した日本はロンドンの組織委員会に参加の申請書を提出した。組織委員会の返電には「リメンバー・プリンス・オブ・ウエールズ」とあった。アメリカの「リメンバー・パールハーバー」（真珠湾を忘れるな）に対し、イギリスは開戦直後、マレー沖で日本海軍によって撃沈された戦艦のことを忘れてはいなかったのだ。

日本水泳連盟が考えたのは、古橋など日本選手の参加が認められないなら、ロンドンのオリンピック大会と同じ日に日本選手権大会をぶつけて競争しようというプランであった。田畑政治日本水泳連盟会長は「日本水泳界の真価を世界に示そう」とつぎのような文章をざら紙の大会プログラムに寄せ、奮起を促した。

「本大会に出場する選手諸君は日本を代表し、ロンドン・オリンピックに参加する意気込みで大いに頑張ってほしい。いうまでもなくオリンピック大会は世界選手権大会を兼ねており、もし諸君の記録がロンドン大会の記録を上回るものであるならばオリンピック・チャンピオンは実質的にワールド・チャンピオンたる栄誉に値しないことになる。すなわちワールド・チャンピオンはオリンピック優勝者にあらずして日本選手権の優勝者であるということになるのだ」。

田畑会長の期待に応え、神宮プールでおこなわれた大会はつぎつぎ好記録を生んでいった。一五〇〇メートル自由形決勝、古橋のタイム一八分三七秒フラット、同二位の橋爪の一八分三七秒八に対し、ロンドンの金メダリスト、マクレーン（米）は一九分一八秒五、なんと四〇秒もの差をつけた。同じプールで泳いでいれば、六〇メートル以上の差をつけての圧勝である。四〇〇メートル自由形のタイムも、優勝したスミス（米）の四分四一秒〇に対し、古橋は四分三〇秒三、これも優勝タイムを大きく上回った。

だが、世界は容易にそれを信じようとはしなかった。プールが短いのではないか、ストップウオッチが壊れているのではないかなど、ひどい反応さえあった。そのなかで「日本水泳の復活おめでとう」と祝電をくれたのはオリンピックのアメリカ水泳チーム監督ロバート・キップスであった。祝電は満員の観客でふくれあがった神宮プールで披露された。

❖ ジャップからジャパニーズへ

やがて、日本は国際水泳連盟に復帰を許され、国際試合への参加が可能になった。古橋らが国際舞台で活躍する日は意外に早くやってきた。昭和二十四年（一九四九年）八月、日本水泳代表チームはロサンゼルスで開催される全米水泳選手権に出場することになった。しかし、問題は山積していた。占領下の日本から国交のないアメリカへいっても安全は保障できない、必要な外貨もない、ＧＨＱが許可するか……。

田畑会長はＧＨＱに日参し、ついにマッカーサーから特別の許可を取り付け、渡米が決まった。渡航資金はどうするか。アメリカ西海岸とハワイの日系人が動いてくれた。「平和の使節を迎えよ」、戦時中収容所に送られたり、人種的偏見に悩まされた日系人にとって日本人選手がアメリカ人相手に戦い、勝つ姿を見るのは夢であった。ロサンゼルスでは「日本水泳団招致基金」が三〇〇〇ドル以上集まった。

出発に当たり、古橋ら選手六人はマッカーサーを訪ねた。皇居前第一生命館の連合軍総司令部六階の執務室で一行を待っていたマッカーサー元帥は軍服姿でトレードマークのコーンパイプをくわえ、近寄りがたい威厳があった。「君たちは戦後初めてのスポーツの国民使節だ。頑張ってきなさい……」と励ました後、最後にこう言った。「In defeat,be natural and composed. If you win,be modest」（負けて臆さず、勝っておごらず）。

盛大な見送りを受けて三十七人乗りのボーイング社のプロペラ機で羽田を出発した一行は、給油のためウエーキ島、太平洋戦争の激戦地ミッドウェー、ハワイのホノルルをへてロサンゼルス空港に到着したのは、日本を出発して三日目のことであった。

宿泊はフレッド和田が自宅を提供してくれた。フレッドこと和田勇はアメリカ生まれの二世、戦前から農作物の店を手掛け、戦時中は苦労するが、戦後ロサンゼルスで青果店を営み、持ち前の才覚と勤勉さで十七店舗を経営するなどビジネスとして成功、ロサンゼルス郊外に大邸宅を購入したばかりであった。監督、コーチ、選手六人計八人が大会期間中和田邸で世話になることになった。万一の場合に備え、和田邸の周りには武装警官が二十四時間体制で警備に当たった。

全米水泳選手権大会は、一九三二年のオリンピックで使われたロサンゼルス・オリンピック

・スイミング・スタジアムでおこなわれた。十七年前、このプールで日本水泳陣は大活躍、六種目中五種目を制覇、時に一〇〇メートル背泳では一位、二位、三位を日本勢が占め、金銀銅三つのメダルを独占したのだった。その金メダリスト清川正二は今回は監督として選手を率いてなつかしのプールにやってきた。

大会初日、まず一五〇〇メートル予選で驚異的な記録が出た。A組に出場した橋爪が二位を一五〇メートル以上引き離す一八分三五秒七の世界新記録でトップを奪うと、続いてB組の古橋は一八分一九秒ですぐ世界新記録を更新した。さらに八〇〇メートル、四〇〇メートル自由形でも古橋は世界新記録を連発し、他の日本人選手もアメリカ人選手に圧勝した。日本の新聞は号外を発行、ラジオは臨時ニュースでこの快挙を伝えた。占領下にあってアメリカへのコンプレックスにさいなまれていた日本人が、水泳とはいえ、そのアメリカを圧倒したのであった。

現地の雰囲気も一変した。日系人はもとより、白人、黒人など次々と控室にやってきた。「グレイト・スイマー」、「原爆にもめげずよくやった」。選手は握手攻めに遭い、キャンディ、チョコレート、腕時計、万年筆……山のようなプレゼントに囲まれた。古橋一人が貰った時計は二〇個を超え、万年筆は軽く一〇〇本を超えるほどであった。洋服やズボンも持ちきれないほど届けられ、別便で送らなければならないほどであった。しかも、嬉しかったのは敗戦した国民にくれてやるという態度でなく、プレゼントを渡すアメリカ人の目に尊敬の光が宿っていたことだった。受け取る日本人選手も自信と誇りに満ち溢れ、使命を果たした充実感がみなぎっていた。

日本選手の活躍に、地元新聞の表現も「ジャップ」から「ジャパニーズ」になり、古橋は「フジヤマのトビウオ」と呼ばれるにいたった。「日本のプールが短いとか時計がおかしいと書いたことは間違っていた」と謝罪文のような記事さえ掲載された。

ハイライトは最終日だった。ロサンゼルス市長を表敬訪問した一行に市長は言った。「君たちの活躍を見たいと思いながら、入場券を買えなかった人が大勢いる。メインストリートの交通を全面ストップするからパレードをやってほしい」

一行は耳を疑った。出発前対日感情が悪いから注意して欲しい、石をぶつけられるくらい覚悟してくれとまでいわれ、街の散歩さえ控えていたのになんとメインストリートのパレードといわれたのだから驚くのは当然であった。マーチングバンドに続く日の丸を立ててのパレードは、反日感情のしこりを一挙にもみほぐし、苦労を重ねた日系人はかっての母国の選手の晴れ姿に涙したのだった。

❖ 古橋の生い立ちと南米遠征

では、戦後の日本人に希望を与えた古橋廣之進とはどのような生い立ちで、世界的スイマーになったのであろうか。古橋は昭和三年（一九二八年）九月、静岡県雄踏町（現浜松市）で生まれた。九人兄弟の長男だった。小学校四年の時水泳部に入部するが、この学校は伝統的に浜名湖で遠泳をおこなうなど水泳が盛んだった。六年生の時、古橋ははやくも一〇〇メートルと二〇〇メートルの自由形で学童新記録を樹立する。そこでつけられたあだなは「豆魚雷」であった。その後浜松二中（現浜松西高）に進学するが、戦争の激化により水泳を続けることはできなかった。それどころか、勤労動員で砲弾工場の作業中、旋盤に左手の中指を挟まれ、第一関節から先を切断する事故にさえあった。

中指がなければ水をかいても抜けていく。「もう泳げない」、一時落胆するが、日本大学入学後水泳を再開した。左手のハンディを克服するため、右腕を徹底して鍛え上げた。左手の〝水漏れ〟をカバーするためである。右手のかきと足の蹴りでスピードを出して、ハンディのある左手はリズムをとるため添える程度にするよう工夫した。フォームも右オープンを左オープンにし、足の蹴りも連動をよくするため六ビートから四ビートに変更した。したがって見た目にはお世辞にもきれいなフォームとはいえず「変則泳法」と呼ばれた。しかし、古橋は左手中指のけがのことは誰にも話さなかったので、なぜ人と違った独特の泳法になったか知るものはいなかった。「事故に遭わずただ漫然と泳いでいたらとても〝世界〟には手が届かなかっただろう」と古橋は回顧している。

戦後の食糧事情の悪いなか、サツマイモをかじり、カエルやへびで栄養をとり、水が貴重なので度々変えられないため青みどろで底がみえないようなプールで猛練習をおこなっていたのだった。

ロサンゼルスで大活躍した古橋は、一躍国民的ヒーローとなった。同時に、世界各国、特に日系人の多い南米から是非来てほしいとの要請が相次いだ、渡米の翌年、古橋は橋爪ら三選手とともに八十日間の南米遠征に出発した。ブラジルではまだ「日本が戦争に勝った」と信じている「勝ち組」もいて、一行は言動に十分注意しなければならない有様であった。サンパウロではそれまで許されなかった日の丸の掲揚が許可され、各地からやってきた日系人を前に古橋は四〇〇メートル自由形で世界新記録をマークし歓迎に応えた。

しかしリオデジャネイロのホテルで飲んだ一杯の水が古橋の選手生命を奪うことになった。どこへいっても「水は飲むな」といわれ注意していたが、ボーイから「消毒してあるから大丈夫」といわれ部屋においてあった水を飲んだのだった。その晩から猛烈な腹痛と下痢に襲われた。最初盲腸を疑ったが、アメーバ赤痢に感染したことが判明した。ウルグアイ、アルゼンチン、チリでは一度も泳がず、点滴を受けて横たわる毎日であった。

帰国後も体調は一向に良くならなかった。

❖ 悲劇のオリンピックと古橋の遺産

南米遠征におけるアメーバ赤痢に加え、年齢的にも古橋にはもう往年の力はなかった。「水泳をやめたい」と決意した古橋だったが、周囲は認めてくれなかった。この間、古橋は日大を卒業し大同毛織に就職し、サラリーマン生活を送りながら休日を利用して練習に励んでいた。日本記録は出たが、世界記録に挑む若手がなかなか出てこない。衰えた力のなかで迎えたのが一九五二年のオリンピックであった。長距離は無理だと四〇〇メートル自由形にしぼったが、国内の予選でも三位。

フィンランドの首都ヘルシンキでおこなわれた第十五回夏季大会、日本にとってベルリン大会以来実に十六年振りの参加であった。古橋はやっと予選は通過したものの四〇〇メートル自由形決勝では八位に終わった。それが冒頭の飯田アナウンサーの涙の実況となったのだった。古橋に代わって金メダルが期待された橋爪は一五〇〇メートル決勝で日系アメリカ人フォード・コンノに追い上げられて銀メダルに終わった。金メダルはレスリングの石井庄八の一つのみ、かつての「水泳ニッポン」の再現はならなかった。

このオリンピックを最後に古橋は引退した。以後日本水泳連盟会長、ＪＯＣ会長などを歴任、低迷した日本の水泳復活とスポーツ振興に全力を注ぐ道を選んだ。古橋は、日本がボイコットしたモスクワ大会を除き、一九五二年のヘルシンキ大会から二〇〇八年の北京大会まで夏季オリンピックにはすべて参加した珍しい記録を持っている。その間、古橋にとってのサプライズは、二〇〇四年のアテネ大会で柴田亜衣が女子八〇〇メートル自由形で優勝した時のことであった。「日本人が自由形で優勝したんだ、メダルの授与は古橋がやれ」といわれ、「オリンピックで日本の自由形の選手に金メダルを渡すことができた。長生きしてよかった」と記者団にしみじみと語る古橋だった。

二〇〇九年八月二日、ローマで急逝、同地で開かれた世界水泳選手権大会に出席し、国際水泳連盟副会長に再選されてわずか九日後のことであった。享年八十歳、戦後の日本人に夢と希望を与えてくれた「フジヤマのトビウオ」らしい最後であった。

日本水泳連盟は、競泳日本代表の愛称を古橋の現役時代のニックネームにちなんで「トビウオジャパン」に決定したと発表、そして故郷の浜松市にオープンした古橋廣之進記念浜松総合水泳場は、愛称をＴｏＢｉＯとし、その活躍を偲ぶことにしたのだった。

【参考文献】
古橋廣之進『熱き水しぶきにーとびうおの〝航跡〟』（一九八六年、東京新聞出版局）
古橋廣之進『力泳三十年』（一九九七年、日本図書センター）

白井義男と
ボクシング

カーン博士の
指導で開花した
世界チャンピオン

白井義男《しらいよしお》（一九二三〜二〇〇三）

東京生まれ。戦後、ＧＨＱスタッフのカーン博士にコーチを受け「科学的ボクシング」によって非凡な素質が開花した。一九五二年ダド・マリノ（米）を下し、日本人初の世界フライ級チャンピオンになり、四回防衛。引退後は解説者、評論家として活躍。

❖ WAKE UP YOSHIO!

〝WAKE UP YOSHIO〟

ダド・マリノの強烈な左フックをあごに受け、二メートルも吹っ飛ばされた白井義男は一瞬脳震盪《のうしんとう》を起こし、意識がもうろうとしてきた。辛うじてゴングに救われ、ふらふらとコーナーに戻った白井の背中をやってでのような手がピシャリと叩いた。耳元から高い声が聞こえてきた。「WAKE UP YOSHIO」、白井のマネージャーでコーチでもあったカーン博士であった。

昭和二十七年（一九五二年）五月十九日、この日、白井は世界フライ級チャンピオン、ダド・マリノに挑戦していた。会場は後楽園球場に設けられた特設リング、日本国内で行われる初の世界タイトルマッチとあって四万人の大観衆が詰めかけ、外野席まで満員となった。リングサイド席は三六〇〇円、外野席でも二〇〇円、この球場の巨人戦の入場料が指定席二〇〇円、外野席五〇円当時のこの値段、いかにこのタイトルマッチが興行的にも価値があったか判るというものだ。

特設リングがナイター照明で浮かび上がるなか、白いガウンの白井、シルクの白地の袖を赤と紫で染めた派手なガウンのマリノが入場、日米両国の国歌が吹奏される。白井のガウンは日本のフライ級とバンタム級二階級のタイトルをとったとき着用していたものだった。この日の朝、母のきくゑさんが近所の王子神社に必勝を祈願してお百度参りをしたのち、丁寧にアイロンをかけたもの。ここで思わぬハプニングが起こった。三十万燭光の照明がスパークして会場が暗闇に陥ったのだ。十五分後照明が回復し、関係者一同胸をなでおろした。八時十八分ゴングが鳴り、いよいよ試合が開始された。

前傾したまま左手をだらりと下げるマリノ、これに対し白井は両腕を心持ち低く構える。この立ち上がりにはそれぞれの作戦が秘められていた。マリノは三十六歳という年齢と過度の減量によって失われた体力を温存するため、はじめから動くことはせず、一方白井も初の十五ラウンドという長丁場の戦いだけに最初は得意のフットワークを使わず、後半に勝負を賭けようと考えていたのである。六回ごろから白井はようやく足を使いはじめた。七回、警戒していたマリノの強烈な左フックが白井の左あごにヒットした。意識もうろうのままコーナーに戻った白井に「ＷＡＫＥ　ＵＰ　ＹＯＳＨＩＯ」の大声が響いた。意識を取り戻した白井にカーンがアドバイスする。

「打ち合うな。足を使って時間を稼ぐんだ」

この時、赤コーナーのマリノにセコンドがささやく。

「いいレフトフックが入ったぞ。シライはグロッキーだ。チャンスだ。思い切っていけ」

しかし、マリノはこのチャンスに思い切って打って出ることはできなかった。減量によってスタミナが切れていたのだ。息を吹き返した白井は本来のフットワークを使って左右のフックで反撃を開始した。満場騒然、この回、ゴング寸前に強烈な右ストレートがマリノのあごを捉えた。ピンチを脱した白井は攻勢に転じる。

「マリノは疲れてきた。打っていけ」

カーンがささやく。十ラウンド、十一ラウンドと攻勢を維持したまま、十二ラウンドへ。コーナーから勢いよく飛び出した白井は、右フックに次いで右ストレートで攻める。白井のストレートがあごにヒット、マリノの体がぐらりと揺れる。満場が騒然とするなかさらに右フック、アッパーが決まり、マリノはグロッキー。十三ラウンドも白井優勢、十四ラウンドマリノが最後の力をふりしぼって反撃に出る。こうして最終第十五ラウンドを迎えた。白井は鋭い左右のフックを連発。一発逆転を狙って出るマリノをかわし、白井の右ストレートがきれいに決まり、チャンピオンがよろめく。ここでゴングが鳴った。

肩を抱き合い、健闘を称える両者、勝利を確信したカーンが白井を抱きしめる。

やがてリング中央でコールする林レフリーの声が響いた。

「シラーイ！」

試合を実況していたラジオ東京（現ＴＢＳラジオ）の小坂アナウンサーは絶叫した。

「日本人、白井義男が勝ちました」

占領を脱したとはいえ、対米コンプレックスを引きずっていた日本人がアメリカ人を倒して世界チャンピオンになった瞬間であった。まさに日本人全体を代表しての勝利といっても過言ではなかった。

❖ 白井とカーン博士―運命の出会い

世界チャンピオン白井の誕生は、一人のアメリカ人カーン博士との出会いがなければあり得なかった。チャンピオン誕生の四年前に遡る。昭和二十三年（一九四八年）七月十五日、一人の背の高い外国人が中央区銀座木挽町を通りかかった。当時占領軍に代表される外国人は軍服かきちんとした背広を着ていたが、このアメリカ人は質素な薄青い作業服に登山帽という姿であった。アメリカ人の名はアルビン・R・カーン、連合国総司令部（GHQ）天然資源局水産部で日本人の食糧支援のため日本周辺でとれる海洋生物の調査とその栄養資源の分析を行っている生物学者であった。仕事で魚河岸に行く途中、普段と違う道を通り、偶然木挽町にあったボクシングジムの存在を知ったのであった。そのジム―日拳ホールでは三十人ほどの練習生がトレーニングに励んでいた。カーン博士はそのうちの一人に注目した。白井義男であった。カーンは白井の〝ナチュラル・タイミング〟に目を止めた。〝ナチュラル・タイミング〟とは、カーンによると「相手との距離を測定し、寸分の狂いもなく行動に移せる能力」だが、世界一流のボクサーでも、この素質を備え持っているのは、指を折るくらいしかいないという。その素質が白井にあることをカーンは見抜いたのだった。カーンはボクシングの経験はなかったものの、理学、生物学、栄養学などを学び、教えたりするうち、タイミングの重要性、コンディショニング、防御と正確なパンチ技術など先進的なボクシングトレーニングの方法を身につけ、選手を見る目に狂いはなかった。

では、カーンの目に留まった白井はどのような経歴の持ち主だったのか。白井は大正十二年（一九二三年）東京の下町荒川区に生まれた。小学校六年の時お祭りの余興でおこなったカンガルーとのボクシングがきっかけとなって、御徒町のガード下にあった「拳道会」に入門、ボクシングにのめり込むことになる。プロデビューは戦争が激化した昭和十八年（一九四三年）八戦全勝の記録を残し有望視されたが海軍に召集された。やらされたのはもっぱら特攻機の整備であった。寒風のなかエンジンの試運転で振動する機体を押さえつける作業を繰り返すうち、激しい腰痛に悩むようになった。終戦を迎え、焼け野原の東京に戻ってきた白井は、青空道場で再開したボクシングの世界に戻ってきた。食糧難のなか地方巡業先で腰痛と栄養不良のため倒れたこともあった。ようやく日拳ホールで練習するようになった時、カーン博士との運命の出会いがあったのだ。

英語で話しかけられても、白井は勿論、日拳ホールの誰も理解できない。ホールを飛び出したカーンは三十分後にGHQの通訳を伴ってジープでやってきた。通訳を介してカーンは矢継ぎばやに質問する。

「きみには正式に契約したマネージャーはいますか」

「ノー」

「専任のコーチはいますか」

「OK、きみは素晴らしい素質を持っている。とくにきみのナチュラル・タイミングのパンチは素晴らしい。私はきっときみを強くしてみせる。二人で一緒にやる気はないかね」

思いがけない言葉であった。戦時中の無理がたたって腰を痛め、将来に不安を抱えていた白井は、この申し出を受けることにした。翌日から早速カーンとのマン・ツー・マンの指導が開始された。徹底して基本動作の繰り返しである。「オン・ガード！」（構えて）、ファイティング・ポーズをとる白井にカーンは腕の位置、足の幅などこまかく注文を出す。次の動作に移際のバランスを保てとしつこくアドバイスする。「オン・ガード！　ジャブ！　ジャブ！」。白井が左ジャブを出す。長い手からの左ジャブがぐっと伸びる。突き出すだけでなく、スナップをきかせ、当たる瞬間グッと握る。それから素早く引くのだとカーンはおしえる。ストレートは止めないで突き抜く。それは従来日本のボクシングで打った瞬間ピシッと止めろ、その方が当たった瞬間の衝撃力は強いとされてきたことに真っ向から反する。カーンはいう。「止めようという意識があると、パンチのスピードが落ちる。顔面を打つのではなく、後頭部を打つつもりで思い切り突き抜く。これがフォロースローだ。パンチにウエイトを乗せ、肩を入れ、腰をひねって打つんだ」。言われたようにやってみるとスピードが増して、威力が増したような気がしてきた。

来る日も来る日も左ストレートなら左ストレートの徹底した反復練習だ。「ステップ・バイ・ステップ」。あせらず、慎重に一歩ずつ階段を上っていこうというものであった。ジムの仲間には「白井は変な外国人にとりつかれて……」と半ばあきれた目で見るものもあったくらいだった。

二人の練習はジムだけにとどまらなかった。一日約二時間のトレーニングが終わると「ヨシオ、散歩をしよう」と白井を外に連れ出す。コースはほとんど決まっていた。銀座通りへ出て、まず米軍専用のPX（売店）にいく。昭和二十三年（一九四八年）の銀座は今日では信じられない情景が広がっていた。車の流れなどほとんどなく、左右の景色がひらけ、なんと一丁目から八丁目まで見通せるほどだった。現在の松屋の場所にあったPX、日本人は立ち入り禁止である。中へ入ったカーンは、当時日本人が口にすることができなかったポップコーン、キャンディを抱えて出てくる。それを食べながら二人の散歩がつづく。この間会話の勉強となる。日本語を話そうとしないカーンのせいで白井の英語力、特に聞き取りは日に日に進歩していった。ポップコーンやキャンディだけではない。アメリカ軍の食堂からハンバーグやホットドッグを持ってきてくれ、また夜はステーキを食べさせてくれた。栄養を補給したお蔭でいつの間にか腰痛も消えていった。

❖ 世界チャンピオンへの道

カーンの指導を受けて二週間後、その成果を試すチャンスが早くもやってきた。対戦相手は若く人気上昇中の石森信之。試合のクライマックスはなんと一回に来た。石森の右ストレートが白井のあごに炸裂、思わずダウンを奪われた。背中から一回転して立ち上がった白井に相手は猛然と襲ってきた。その時だった。カーンの指導を受けた白井の〝後頭部を打ち抜く〟右ストレートが石森のあごに突き刺さった。石森の体がキャンバスから三十センチほど浮き上がると、そのまま枯れ木のように倒れ、起き上がってくる気配もなかった。カーンの指導が実証された瞬間であった。

順調と思われた白井にボクサー生命を奪われかねないアクシデントが襲いかかったのは、その年の十月のことであった。フライ級トーナメント決勝戦、「豆タンク」のニックネームを持つファイター串田昇との一戦、第五ラウンド、串田にストレートを叩きこんだ白井の右手に激痛が走った。判定で勝ったものの、なんと右手の人差し指が骨折し、皮一枚でぶら下がっている大けがだった。日本人医師の「手術して切断する以外ない」との判断に、カーンはジープを運転し、横浜のアメリカ人軍医を訪ねた。幸いこの医師は指折りの外科の権威であり、折れた指を固定し、温熱を繰り返し施して骨がつながるのを待つ療法をとり成功したのであった。こうして白井は次の目標フライ級チャンピオンに挑戦すべく、トレーニングに励むことになる。

けがを克服した白井は日本フライ級王者となり、さらにワンランク重いバンタム級のタイトルも奪い、二階級制覇に成功、世界が視野に入ってきた。

「この次はハワイのマリノとやろう」

ダド・マリノはハワイ生まれのフィリピン系二世、三十三歳でフライ級世界チャンピオンをテリー・アレン（イギリス）から奪った選手だった。一メートル五十六センチの小柄ながら左フックにすさまじい破壊力を持ったベテランである。

マリノとの最初の試合は、ノンタイトルの十回戦であった。タイトルに関係ないとはいえ、銀座のパレードはじめ、日本は大歓迎でチャンピオンを迎え、挑戦者白井は「打たせず打つ」カーン戦法に徹し、２―１の僅差の判定で敗れたものの大健闘、これで世界が見えてきた。カーンのアレンジによってハワイで再度挑戦、ノンタイトル戦であったが、なんとこの試合、白井の武器右ストレートが面白いほどマリノの顔面とボディにヒットし、二回に最初のダウン、六回に三度、七回に二度のダウンを奪ったところでタオルが投げ込まれ、白井のＴＫＯ勝ちとなった。日系人たちの大声援が後押しになったことも確かだった。

こうして、いよいよ正式のタイトルをかけてマリノと一戦を交えることになった。実現の陰にはマリノのマネージャー、サム一ノ瀬の働きがあった。日系二世で熱い日本人の血が流れていた一ノ瀬は「マリノにはもう往年の力はない。もしタイトルを渡すなら母国日本の白井だ」と考え、多くの申し出を断り、対戦相手を白井にしぼったのだった。

試合の前夜、カーンは熱い口調で白井に語りかけた。

「ヨシオ、自分のために戦おうと思うな、敗戦で自信と希望を失った日本のために戦うんだ」

高松宮ご夫妻、三笠宮、栃錦、映画スターなど各界の人々がリングサイドで、そして何千万という日本人がラジオの前で応援するなか、白井は見事期待に応えた。そして四度の防衛に成功、世界チャンピオンの座を守り抜いた。功なり名を遂げた白井だったが、唯一の不幸は大恩人カーン博士が晩年、食事を食べたこともアメリカの母が亡くなったことも忘れてしまう重度の認知症になったことであった。生涯独身で家族もなく、日本でその生涯を終えたカーン博士を白井は最後まで家族の一員として面倒をみたのだった。

【参考文献】

白井義男『ザ・チャンピオン』(一九八七年、東京新聞出版局)
山本茂『カーン博士の肖像』(一九八六年、ベースボール・マガジン社)

栃錦と若乃花

大相撲がもっとも
熱かった頃

栃錦清隆《とちにしききよたか》（一九二五〜一九九〇）

第四十四代横綱。本名・大塚清。東京生まれ。多彩な技と粘り強さで「マムシ」と恐れられた。引退後、年寄春日野を襲名し、日本相撲協会理事長として両国国技館建設など手腕を発揮した。優勝10回。

若乃花幹士《わかのはなかんじ》（一九二八〜二〇一〇）

第四十五代横綱。本名・花田勝治。青森生まれ。強靭な下半身を武器に「土俵の鬼」と言われた。引退後、二子山部屋を立ち上げ、弟の大関貴ノ花はじめ二横綱二大関を育てた。優勝10回。

❖ 全勝同士の横綱の千秋楽対決

全国の相撲ファンの目がこの一番に注がれた。いや、普段あまり相撲に関心のない人々もこの一番だけは注目した。昭和三十五年（一九六〇年）春場所千秋楽、東の正横綱栃錦と西の張出横綱若乃花がともに十四連勝の土つかず、結びの一番で優勝を争うことになったからである。横綱がともに全勝のまま賜杯を争うのは、明治四十二年に国技館ができて以来初めてのことであった。栃錦と若乃花が優勝を争ったのはこれまで九回、そのうち千秋楽で決まったのが六回、一回は同点決勝で争い、十四日目二回、十三日目一回、その結果優勝の栄冠に輝き賜杯を手にしたのは若乃花六回、栃錦三回と両者の実力はまったく拮抗していた。しかし、両横綱が無敗同士でぶつかるのは、これが初めて。栃の速攻か、若が左四つに組み止めての寄りか、世間の目は大阪府立体育館の結びの一番に注がれることになった。

昭和二十八年（一九五三年）五月から大相撲のテレビ中継が開始され、翌二十九年秋、蔵前に新国技館が落成、栃錦、千代の山、鏡里、朝汐、若乃花といった人気力士が登場するにつれて相撲人気は次第に高まっていった。なかでも第四十四代横綱栃錦と三歳年下の第四十五代横綱若乃花の間で繰り広げられる激しい土俵上の争いは「栃若時代」と呼ばれ圧倒的な人気を呼んだ。

十四連勝したとはいえ、この場所、栃錦の体調は万全とは言い難かった。年齢は三十五歳となり、往年のように土俵をいっぱいに使って次々と技を繰り出す激しい相撲は姿を消していた。

また、初場所で優勝したご褒美としてエールフランスからパリ旅行に招待され、ヨーロッパに出掛けて稽古不足であることも不安材料であった。パリはじめヨーロッパではもっぱら歩いて稽古不足を補ったという。だが、十日目を過ぎる頃から疲れが目立ち、危ない取り組みもあったが、持ち前のうまさでカバーして横綱の体面を保ってきた。

一方、若乃花も絶好調とは言い難かった。初場所は初日、二日と連敗、三日目から休場し、慢性蓄膿症と気管支炎治療のため、日大病院に入院、入院中も医師の目を盗んで病室で四股を踏み、鉄砲をやるなど復帰に備えてはいたが、かっての力が発揮できるとは思われなかった。しかし、杉並の花籠部屋に帰っての稽古から体調が戻っていることは明らかになった。

場所前相撲ファンの目は、両横綱より初場所で十一連勝を果たした前頭の大鵬と一気の寄りの関脇の柏戸—のちに横綱として一世を風靡する二人に注がれていた。春場所が始まると栃錦は四日目に大鵬、九日目に柏戸を下し、一方若乃花は二日目に柏戸を吊りだしで破り、格の違いを見せた。

相撲人生で最高の一番を前にして図太いと定評のある若乃花も神経がいらだっていた。決戦前夜、若い衆を連れて大阪・千日前の映画館に足を運んだ。好きな西部劇が上映されていたが、スクリーンに集中できない。脳裏にあるのは、勝負のことばかりだ。だが、暗闇に目が慣れてくると、前方に髷が見える。なんと栃錦である。栃錦もやはり重圧から抜け出したかったのだ。部屋に戻って横になったが、夜中に目が覚めもう眠れない。「早く朝になってくれ」と念じながら、いたたまれず、七時にはまわしをつけて稽古の土俵に立っていた。

不思議なもので、いざ本番の土俵に上がってみると、気分に余裕が出てくる。「自分の相撲をとろう」と、それだけを考えて仕切りに入った。「栃関はヨーロッパ旅行による稽古不足はあきらかで、持久戦に持ち込めば勝てる」と考えていた。

結果は若乃花の読み通り、栃錦の突っ張り、吊り、内掛けをこらえた若乃花が大相撲の末、白房下に栃錦を寄り切って春場所の最後を全勝優勝で飾った。この勝負が二人の土俵での最後の対決となった。翌場所初日、二日と連敗した栃錦は三日目に引退を表明したからである。二人は三十四戦して栃錦十八勝（一不戦勝）、若乃花十五勝、ともに優勝回数は十回、まさに実力伯仲の最大のライバルであった。

❖ 対照的な生い立ち

のちに好敵手となる二人だが、生い立ちは対照的であった。栃錦、大塚清が生まれたのは大正十四年（一九二五年）二月二十日、東京の下町、現在の江戸川区南小岩、父は腕の良い傘職人、小柄で温厚な人であった。小岩は昔から相撲の盛んなところで、明治時代に二人の横綱境川、小錦を生んだのもこの土地である。そうした環境のなかで、清は子供の頃から相撲をとっていた。角界に入ってからは小兵といわれたが、少年時代は他の子のくらべると体も大きく、相撲も強かった。地元の小学校を卒業すると世話する人がいて春日野部屋に入門した。十三歳七ヵ月で大相撲の世界に飛び込んだ清にとって元栃木山の春日野というよき師匠にめぐり合えたのが第一の幸運だった。稽古は厳しかったが、人格円満、弟子思いの親方だった。付け人に指名され、毎晩晩酌の傍で、芸談、相撲の心得を聞かされたのが、後になって役立つことになる。

清の初土俵は昭和十四年（一九三九年）の春場所、全盛期の大横綱双葉山が安芸の海に敗れ、六十九連勝でストップし大きな話題となったのが、この場所であった。兄弟子の付け人をやっていた清は運よくこの歴史的な一番を花道の後ろから見ていた。この時は番付にも乗らない前相撲だったが、十五年春場所序の口四枚目に虫眼鏡でようやく判読できるような大塚の文字が番付に現れた。入門したときは一七四センチ、六十八キロ、なかなか太らなかったが、よく動き、稽古を見た六代目菊五郎が「あの大塚というのはまむしみたいな奴だ」と評し、その後しばらく清は「まむし」と仲間内では呼ばれたという。大塚は順調に昇進していった。

太平洋戦争が開始され、野球はじめ外来スポーツが「敵性スポーツ」として弾圧されるなか、国技相撲は国威発揚の手段として奨励され、大塚は十七年夏場所には幕下にあがり、「皇軍慰問」のため中国大陸にも渡った。戦局はきびしくなったが、十九年夏場所には十両となり、同時に師匠の現役時代の栃木山から一字とり以後栃錦清隆と名乗ることになる。春日野部屋から久々の関取誕生であった。新十両としての成績は六勝四敗と勝ち越し、幸先のよいスタートとなったが、ここで召集令状がきた。

栃錦が入隊したのは、海軍だった。これも栃錦には幸いした。陸軍より自由な雰囲気があり、一般では不足していた食料も豊富で、なによりよかったのは海軍部内で相撲が盛んなことだった。ある日海軍相撲四段と称する腕自慢の兵曹が初年兵に「稽古をつけてやる」と大塚を指名した。軍曹相手に三番続けてやっつける。

「お前強いな」

普段しごかれている軍曹が手も足も出ない負け方をみて仲間の初年兵がいう。

「軍曹、大塚は相撲取りであります」

「なんだ、本職か。三段目くらいか、幕下か」

「いえ、十両です」

プロの十両にアマの腕自慢が勝てるわけがない。栃錦は入営前に髷を切って頭を刈り、体格も普通の人と変わらなかったので、軍曹は知らなかったのだ。そうしたことから、上官から目をかけられ、部隊の大半が海に送り出され命を奪われたのに対し、栃錦は陸に残され終戦を迎えた。上下関係のきびしい相撲の世界にいただけに軍隊の生活もそう辛いとも思わなかった。こうして十九年秋場所と二十年夏場所を兵役で休場した栃錦は終戦と同時に相撲界に復帰した。

栃錦が子どもの頃から力士になるべくしてなったのに対し、若乃花は二つの出来事がなければまったく別の道を歩んでいたと思われる。のちの若乃花、花田勝治は栃錦に遅れること三年、昭和三年（一九二八年）三月十六日、青森県で生まれた。生家は大きなリンゴ園を経営し〝花岩〟の屋号を持ち、白い土蔵が四つもある先祖代々の豪農だった。恵まれた家の長男勝治は、なにごともなければ家業を継いで平凡な人生を送ったであろう。しかし一晩で一家の運命が変わった。四国室戸沖に上陸した大型台風は、近畿から佐渡をへて東北地方を横断、太平洋に抜けた。死者二七〇二名、全壊家屋三万八七七戸の猛威を振るった「室戸台風」は、〝花岩〟のリンゴ園を壊滅させた。残ったのは莫大な借金だった。勝治の父は別の土地で再起を図ることにした。こうして花田一家は北海道の室蘭へと移る。室蘭での生活は安定し、一家に笑顔が戻ってきた。だが、父にきた赤紙がふたたび勝治の運命を変えた。

働き手の父に代わって小学校四年になった勝治は家計を助けるため奉公にでた。瓦を背負って屋根にあげる仕事もやった。重い荷を背負ってのハシゴの上り下りは足腰の鍛錬になり、神経の集中にも役立ち、相撲界に入ったとき大いに役立つことになった。

軍隊にとられた父は折から勃発した日中戦争によって中国大陸に送られ、三年後負傷し変わり果てた姿となって帰ってきた。小学校を卒業した勝治は、大人に交じって港湾荷役となって働き足腰の強化とバランス感覚はますます磨かれていった。やがて終戦、勝治は勤めていた会社の現場対抗の相撲大会に出場した。がむしゃらにとった結果、青年の部で三位となった。これが勝治の相撲との出会いであった。

昭和二十一年（一九四六年）夏、大相撲一行が室蘭にやってきた。戦後まもなくで交通事情がよくないなか大相撲一行が室蘭までできたのは食料事情が本州よりよいからであった。北海道巡業に来たのは大関佐賀の花ら二所ノ関一門の力士であった。職場の団体で見に行った勝治は「やれ、やれ」と仲間にけしかけられ飛び入りで参加、序の口、序二段などと対戦、なんと数人を倒した。この活躍に目を止めたのが大ノ海（後の師匠花籠）であった。大ノ海の熱心な勧誘に、働き手を失うのを恐れて反対する父を説き伏せて上京することになった。「三年経って関取になれなかったら帰ってくる」と約束しての角界入りであった。

入門後は二所一門の猛稽古によって力を付けていった。特にしごかれたのは、後にプロレスのスーパースターとなる力道山であった。強靱な足腰に加え、北海道に残した親兄弟の生活がかかっているため「強くなって稼ぐ」ための稽古はすさまじいものがあった。順調に昇進していったが、「あの猛稽古がなければ平凡な関脇で終わっていたでしょう」と本人も言う。二所ノ関と高砂部屋の合同稽古では東富士、鏡里の両横綱にも稽古をつけてもらう幸運にも恵まれた。

横綱昇進を前にして、幼かった長男がひっくり返ったちゃんこ鍋で大火傷を負って亡くなる悲劇にも見舞われ「数珠をさげた名力士—土俵の鬼」と呼ばれ、待望の横綱になったのは、昭和三十三年のことであった。

❖ 栃若の残したもの

栃錦、若乃花とも力士としては体格に恵まれたとはいえない。栃錦が昭和二十二年（一九四七年）六月場所で入幕を果たした時の体重はなんと七十五キロ、五年後に大関に昇進した時でも九十八キロと一〇〇キロに満たなかった。したがって平幕から三役にかけては軽量のハンディを克服すべく土俵を目いっぱい使う激しい動きでカバーした。横綱昇進の頃から体重が増え、一〇六キロから一四〇キロとなって取り口も寄り、押しへと変えていった。若乃花も横綱時代でさえ一〇七キロしかなく、戦後最軽量の横綱として記憶されるほどだが、「呼び戻し」などの大技も下半身の強さ、膝のばねを使ってのものだった。若乃花が最愛の長男を不慮の事故で失ったのに対し、栃錦も昭和三十四年七月の名古屋場所で優勝した折、優勝祝賀会に向かった父が交通事故で亡くなる悲劇に見舞われるという辛い目にあっている。

レスリングはもとより、柔道でさえ体重別となった時代にあって相撲だけは「小よく大を制す」世界だ。その楽しみを与えてくれた代表的存在が栃錦と若乃花であった。

引退後もこの二人は日本相撲界に大きな遺産を残した。栃錦は引退後年寄春日野として横綱栃ノ海、大関栃光など多数の力士を育てた。また日本相撲協会理事長となってからは、若乃花改め年寄二子山を事業部長に抜擢し、春日野理事長、二子山コンビは幹部の「栃若時代」と呼ばれたこともあった。春日野理事長の最大の功績は新国技館の建設を無借金で実現したことであった。鹿島建設の工事見積り額は一六一億五千万円だったが、二子山と二人で社長を訪問し「相撲取りは相手を負かすのが仕事です。今日は二人がかりで負かしにきました」と一五〇億円に値引きさせた逸話が残っている。椅子席観客の待遇改善、茶屋制度の改革、派閥にとらわれない人材登用で相撲界を改革、七期十四年に及ぶ長期政権となった。

両国国技館が完成すると、春日野は相談役に退き、二子山に理事長の座を譲った。二子山は実弟貴ノ花を大関に育て、また理事長として土俵の美を追求し、立ち合いの正常化に努め、

「待った」に厳しく、行司の「手をついて」の掛け声の励行などに取り組んだ。
栃錦が六十歳を迎えた折、還暦土俵入りの太刀持ちを務めたのは若乃花であった。
土俵の上での最大のライバルは、引退後はかけがえのないパートナーとなった。

【参考文献】

栃錦清隆『栃錦一代』（一九九七年、日本図書センター）
二子山勝治『土俵に生きて―若乃花一代』（一九八九年、東京新聞出版局）
『相撲別冊秋風号―栃若時代』（二〇一六年、ベースボール・マガジン社）

石原裕次郎と映画・歌・テレビドラマ

スターのイメージを変えた大スター

石原裕次郎《いしはらゆうじろう》（一九三四〜一九八七）
兵庫県生まれ。慶應義塾大学在学中に芥川賞作家の兄石原慎太郎の小説を映画化した「太陽の季節」でデビュー。「狂った果実」「嵐を呼ぶ男」などで大スターとなる。余技で歌った映画の主題歌、挿入歌が「俺は待ってるぜ」「銀座の恋の物語」をはじめ多くのヒット曲を生んだ。「太陽にほえろ！」「西部警察」などのテレビドラマでも人気を博した。

❖ 百年に一人のスター

長嶋茂雄、石原裕次郎、美空ひばり、この三人は百年か、二百年に一人しかでないスターだ。スーパースターとみなされる人物はその時代を象徴する存在ですらある。

長嶋は大学時代からスターだった。東京六大学野球の通算ホームラン記録を塗り替え、鳴り物入りでプロ入りし、チャンスに強いバッティング、華麗な守備、ユニフォームが似合う容姿、そして巨人という人気球団にあって、まさに戦後のプロ野球の代表的存在であった。美空ひばりは、占領時代の焼け跡から復興し経済大国となっていく日本にあって幼い頃から歌の上手さとヒット曲の多さ、映画出演、さらに舞台と戦後の芸能界に一時代を築いた。そして石原裕次郎は、経済白書が「もはや戦後ではない」と記した昭和三十一年（一九五六年）にデビューし、日本人離れした足の長いたくましい体、不敵な風貌、そして運動神経の良さを売りに、映画全盛時代にスクリーンの中で暴れ、これまでの映画スターのイメージを変えた。

長嶋が学生時代から注目され、美空ひばりが天才少女歌手として早くからスターへの途が用意されていたのに対し、裕次郎が大スターになったのは偶然のきっかけだった。したがって、なりたくてなった、あるいは周囲が早くから期待してなった従来のスターとは全く違ったタイプのキャラクターが誕生したのであった。

裕次郎の誕生は兄の石原慎太郎なくしてはあり得なかった。慎太郎の芥川賞受賞作「太陽の季節」を映画化してはどうかと日活の企画部員がプロデューサーの水の江滝子に持ち込んだ。

もと松竹歌劇団のトップスターでターキーの名で知られた彼女は原作者の慎太郎主演で企画を進めようとした。自由奔放に生きる湘南の「太陽族」を描き、タブーとされたセックスの問題を盛り込み、芥川賞選考委員の間でも授賞の可否をめぐって大きく意見が分かれた問題作だけに、慎太郎自身が出演すれば話題になり、ヒットすると考えたのだ。

だが、慎太郎は一橋大学四年、日活のライバル東宝への入社が内定しており、会社の反対もあって断念せざるを得なかった。「代わりに弟を使ってもらえませんか」との慎太郎の申し出にターキーは芥川賞受賞パーティではじめて裕次郎に会った。一目で「これはいける」と思ったが、会社は「素人は使えない」、「背が高すぎ、他の俳優とのバランスがとれない」と猛反対にあい、あきらめざるを得なかった。その代り、映画化に当たり、物語の背景となる湘南の風俗や学生言葉の指導役としてアルバイトで参加することになった。

「おとぼけな」、「先ず顔を良く見て、面《ラツ》がハクけりゃ……」、「ちいと甘いぞ。しっかりしろい」など台詞になる言葉を伝授した。それが終わると長門裕之と南田洋子がヨットを走らせるシーンの吹き替えを友人と二人でやった。洋子の役を引き受けた裕次郎は借りてきたネッカチーフを頭にかぶってヨットに乗り込み、帆を風にいっぱい張って葉山の沖をカッコよく走らせた。ロングショットで逆光だったから誰が乗っているのかわかるようなものではなかった。土地勘があるので撮影用のモーターボートの手配までやった。

だが、スタンドインを務めた裕次郎をカメラを通してのぞいていたベテランカメラマンはいった。「ファインダーの向こうに阪妻がいる」。往年の大スター坂東妻三郎の姿をこのカメラマンは裕次郎に見たのだった。ターキーはただちにシナリオにボクシング部の学生役を付け加え、端役で登場されることにした。これをアップにして棒焼きにし、幹部に見せ、本格的デビューにつなげることに成功したのだ。

こうして兄慎太郎の脚本、裕次郎主演の「狂った果実」が制作されることになった。

❖ 映画スター裕次郎

普通ならこれでスター誕生となるところだが、裕次郎自身映画俳優になる気はまったくなかった。「狂った果実」の主演が決まったとき、裕次郎はプロデューサーの水の江滝子にいった。

「これから先、映画なんかやる気がないんで金は一銭もいりません」

ギャラはいらないといった主役は初めてであった。日活としてまさかノーギャラというわけにもいかず、主役だが新人ということでギャラは二万円、源泉で引かれて手取り一万八千円となった。裕次郎が出演を承諾した理由のひとつは、日活ならかねてからファンだった北原三枝に会えるとの期待からだった。松竹の大ヒット作「君の名は」にアイヌの娘役で出た頃から主演の岸恵子でなく、北原三枝に入れ込んでいた裕次郎は、なんと「狂った果実」で水着姿の彼女とラブシーンを演じることになった。物おじしない裕次郎も緊張で震えていた。

兄の慎太郎が脚本を書いた「狂った果実」は、湘南の海を舞台に一人の女をめぐる兄弟の確執をテーマにしたものだった。兄が弟の彼女を寝取りラストで弟にモーターボートでひき殺される……といったストーリーだった。弟役に抜擢されたのは長門裕之の弟でまだ高校生だった津川雅彦であった。これ一本だと思うから、新人の中平康監督と大喧嘩するなど勝手な振る舞いをする裕次郎に会社も首を検討するほどであった。しかし、映画のヒットによって裕次郎を引き留め次の作品を用意することになる。また中平の演出はフランスのヌーベルバーグ映画の旗手トリュフォーを刺激するほど斬新なものであった。この映画は思わぬ副産物を生んだ、劇中で裕次郎がウクレレ片手に歌ったことが歌手としても使えることが判り、後に歌謡曲の世界でも大ヒットを飛ばす存在につながることになった。

日活が新人の監督や俳優を起用した背景にはそうせざるを得ない事情があった。第二次大戦後、映画制作再開に動きだした日活は、多摩川に最新鋭の設備を備えた撮影所を建設し、他社から有能な監督や人気俳優を引き抜こうと画策していた、危機感を覚えた大映の永田雅一社長は松竹、東宝、東映、新東宝の四社に呼びかけ、①他社の監督、俳優の引き抜きを禁止する、②監督、俳優の貸し出しや特別出演を認めないとの「五社協定」をむすんだのであった。「五社協定」に縛られ、大スターのいない日活にとって裕次郎の出現はまさに社運を左右することになる。

映画俳優としての裕次郎を目覚めさせてくれたのは、名匠田坂具隆であった。石坂洋次郎原作の「乳母車」を映画化するに当たり、ヒロインの父の愛人の弟という複雑な家庭環境で育ちながら、明るさや素直さを失わない青年の役を上手く引き出し、文芸作品に仕上げたのだった。

湘南海岸の太陽族の代表的存在の裕次郎は、酒と喧嘩と麻雀に明け暮れる不良学生の典型に見られていたが、育ちの良さもあって田坂監督はその純朴な面を引き出し、内面的な演技も指導してくれた。その後も田坂―裕次郎コンビは、石坂洋次郎が裕次郎をイメージして執筆した「陽のあたる坂道」の映画化などいくつかの秀作を生むことになった。

だが、なんといっても裕次郎を国民的スターに押し上げたのは「嵐を呼ぶ男」(昭和三十二年)であった。流しのドラマーが一流ドラマーにのし上がってゆく高度成長を象徴する物語に加えて、アクションシーンも多く、同時にショウビジネスの光と影にも触れ、井上梅次監督のダイナミックな演出が裕次郎のやんちゃな魅力を見事に引き出した。観客動員は五九四万人、配給収入は三億四八八〇万円を記録、この映画の大ヒットによって赤字だった日活は一気に黒字に転じた。この年、映画主題歌「俺は待ってるぜ」は一六〇万枚を売り上げ、テイチクレコードにとってもドル箱の〝歌手〟となった。

こうして俳優石原裕次郎は、いまや全国の映画ファン、映画館にとって欠かせない存在となった。昭和三十三年(一九五八年)の主演映画はなんと九本、「裕次郎ブーム」が到来した。当時日本の映画観客数は十一億二七四五万人、映画館数七〇〇〇館、国民一人当たり年間に映画を見る回数は平均十二・三回で、まさに日本映画史上興行面で絶頂期を迎えていた。ちなみにテレビの受像機の普及台数は一五五万六八〇〇台に過ぎず、しかも白黒だった。まだテレビは遠く映画に及ばなかったのである。

❖ 裕次郎の反抗

長身で長い脚、ちょっとグレていて喧嘩には強いが根は純情でカッコいい快男子のイメージが定着し、日活は裕次郎の作品をこの路線で作りつづけた。映画のなかの挿入歌がヒットすれば、その歌をテーマに早速次の作品を作るといったやり方をとった。同時に小林旭に和製西部劇「渡り鳥シリーズ」、また宍戸錠、二谷英明、赤木圭一郎などを起用してアメリカ映画の焼き直し的映画を作って観客動員につなげたが、裕次郎自身連日の撮影やレコーディングで、心身ともに疲れ果てていた。それが二週間の失踪騒ぎとなり、北原三枝との結婚も大問題となった。会社としては大スター同士が結婚することでファンが離れることを恐れ絶対に認めなかった。裕次郎がとったのは実力行使であった。二人でアメリカへ〝逃避行〟したのだ。昭和三十五年（一九六〇年）一月のことであった。当時、海外渡航は自由化されておらず、アメリカに引き受け人がいてギャランティされた往復の航空券が必要だった。日活も遂に折れた。

日活の堀社長がニューヨークに直接電話してきた。「結婚は認めるからすぐ帰ってこい」。こうしてその年の十二月、二人は晴れて結婚。北原三枝は結婚を機会に引退することになった。

幸い、結婚しても裕次郎人気は落ちなかった。北原三枝に代わって浅丘ルリ子、芦川いずみとコンビを組んだ。しかし、スキーで骨折し、全治八ヵ月の重傷を負い、翌年の出演は四本にとどまる。入院中にじっくり考える時間があった。閉鎖的な日本の映画界についていけない部分があり、「自分で映画を作れないか」との気持ちが強くなっていく。そして旗揚げしたのが石原プロモーションであった。東京オリンピックを翌年に控えた昭和三十八年（一九六三年）一月。裕次郎二十九歳の決断であった。石原プロの第一回作品は巨匠市川崑を監督に招いて作った「太平洋ひとりぼっち」だった。ヨットで太平洋を単独で横断した堀江謙一の実体験を映画化したこの映画は迫力ある洋上シーンが話題となり、ヒットすると同時に、その年の芸術大賞、ブルーリボン企画賞を受賞する傑作となった。

次に企画したのは三船プロとの合作「黒部の太陽」であった。三年かけてプランを練り、建設五社のバックアップも取り付けた。意気揚々と記者会見に臨んだところ、映画五社から圧力がかかった。倒産した新東宝に代わって日活が加入した「新五社協定」（昭和三十七年）が結ばれていた。「五社の映画館では絶対に上映させない」。松竹、東宝、大映、東映、日活はそれぞれ直営の映画館を持っており、そこから締め出されたら……。前途は多難だった。

「フィルムは、映画館じゃなくても上映できるんだろう？」

応援してくれた関西電力の重役の一言に決心した。そうだ、体育館でも公会堂でも上映はできる。

制作発表してから二ヵ月後に「黒部の太陽」はクランクインした。三船敏郎、石原裕次郎の二大スターに加え、脇役も民芸の宇野重吉、滝沢修、新国劇の辰巳柳太郎、新派の柳永二郎などベテランの芸達者が安いギャラにもかかわらず喜んで協力してくれた。黒部川上流に黒四ダムを建設するためわが身を捧げる男たちの熱き思い、空前のスケールと迫力で公開されると観客動員数は七三三万七〇〇〇人を記録し、昭和四十三年（一九六八年）の日本映画最高記録となった。出水のシーンは予期しなかった大量の水がどっと流れ、スタッフが奔流に巻き込まれる本物の事故となったが、フィルムに写った三秒が迫真のシーンになったことはいうまでもない。五社協定に挑み、成功した石原プロは、ヨーロッパとアフリカで長期ロケをおこなった日本初の本格的カーレース「栄光への5000キロ」（昭和四十四年公開）もヒットし、順調にいくと思われた。しかし、「ある兵士の賭け」は製作費に莫大な金がかかり、興行的にも大失敗し五億八〇〇〇万円もの負債を抱える羽目になった。

❖映画からテレビの世界へ

石原プロがテレビに進出したのは、映画の斜陽に加え、膨らむ一方のテレビの持つ可能性に挑戦する意図があった。裕次郎が結核で倒れ、長期休養に入った時期であった。

「この際無理をしないで、テレビのレギュラーを持つのがいいんじゃないですか」と退院した裕次郎に出演依頼がきたのは、刑事ドラマ「太陽にほえろ！」だった。警視庁七曲署の刑事が活躍するドラマである。ボス役の裕次郎はワンクール十三回ならとの条件で客演を引き受けた。やってみるとほとんど知らなかったテレビ界のひとびとととも親しい関係が生まれた。病気と不摂生で中年太りした裕次郎だったが、存在感のあるボス役をこなした。番組の評判も良く、昭和四十七年（一九七二年）に日本テレビ系列で開始されたこの番組とは、なんと全七一八話、十年も付き合うことになった。ショーケンこと萩原健一演じる長髪の若手刑事のような新しいテレビ向けスターも生まれた。

「太陽にほえろ!」が大好評だったため、次の刑事ドラマ「大都会」、「西部警察」は石原プロが制作することになった。「西部警察」の制作中「解離性大動脈瘤」が判明、生存率三%といわれた難病を克服してカムバック。「ボス、お帰りなさい」とドラマのなかでも蘇った。

しかし、長年にわたって酷使し、ストレス発散のため飲み続けた酒はじわじわと体を侵し、遂に五十二歳という若さで他界した。昭和六十二年(一九八七年)七月十七日のことであった。果たして最後のヒット曲となったように「わが人生に悔いなし」であったのか。人の二倍も三倍も早く駆け抜けた人生であったことは間違いない。

❖ 石原裕次郎の遺産

死去から四年、裕次郎が三歳から九歳まで過ごし、愛着をもっていた小樽に石原裕次郎記念館がオープンしたのは平成三年(一九九一年)のことであった。ヨット好きの裕次郎にふさわしく小樽港のヨットハーバーの隣接地に建てられた。「黒部の太陽」撮影時のトンネルのオープンセット、愛車ベンツ300SL、歌った歌すべてのレコードジャケット、愛用の椅子、少年時代につくったヨットの模型など約二万点が展示され、二十六年間に二〇〇〇万人を超すフアンが訪れた。しかし、塩害による建物の老朽化も進み、一時年間一〇〇万人以上あった入場者も近年は一〇万人に過ぎず「惜しまれながらやめる方がよい」と平成二十九年（二〇一七年）八月三十一日をもって閉館となった。

没後三十年の平成二十九年、『週刊朝日ＭＯＯＫ』が「永遠のスター石原裕次郎」を刊行、お堅い朝日新聞出版が「裕次郎の魅力全開の九十三作品を網羅」と銘打った「ＤＶＤコレクション石原裕次郎シアター」を隔週刊で出すことに踏み切った。第一回「嵐を呼ぶ男」に始まり、全号揃えると一一九二ページの豪華マガジンが完成する。

記念館は閉館したが、平成三十年（二〇一八年）から遺品と写真を中心に「石原裕次郎展」を全国で巡回する。映画館を出るとすっかりその気分になり、自分の短足も忘れて裕次郎ばりの右足をちょっと引きずりながら「俺は待ってるぜ」を口ずさんだ世代、裕次郎気分で「銀座の恋の物語」をスナックのおねえちゃんとデュエットしたおっさん、わが身を北原三枝や浅丘ルリ子に置き換えて裕次郎と映画館で恋をしたオバちゃん、「太陽にほえろ！」のボスを思い出す五十代のひとびと……裕次郎を待っているファンはまだ全国にいる。

【参考文献】
石原裕次郎『口伝我が人生の辞』（二〇〇三年、主婦と生活社）
文藝春秋編『裕次郎とその時代』（文春文庫）（一九九五年、文藝春秋）
週刊朝日ＭＯＯＫ『永遠のスター石原裕次郎』（二〇一七年、朝日新聞出版）

松本清張と推理小説

推理小説の世界を変えた作家

松本清張《まつもとせいちょう》（一九〇九～一九九二）
福岡県生まれ。高等小学校卒業後、職を転々とした後、朝日新聞西部本社広告部員に。「或る『小倉日記』伝」で芥川賞受賞。「点と線」「ゼロの焦点」などで社会派推理小説の新分野を開拓。幅広い読者層に受け入れられ推理小説ブームを巻き起こした。その後、歴史小説、古代史論、ノンフィクションの作品も数多く発表。映画化、テレビドラマ化される作品が多い。

❖「清張以後」

「清張以後」という言葉がある。

松本清張が発表した推理小説によってそれまでの推理小説の考え方が変わったというのだ。「清張以前」の推理小説は江戸川乱歩の作品に登場する明智小五郎、横溝正史の金田一耕助、コナン・ドイルのシャーロック・ホームズなど名探偵が現場に残されたわずかな遺留品、関係者の言動などから鋭い推理を働かせ、巧妙きわまる完全犯罪の謎をあざやかに解き明かすといったものだった。

松本清張はこうした探偵小説と呼ぶ方がふさわしい推理小説のイメージを一変させた。犯罪を犯す者の動機を掘り下げ、その背景にある貧困、差別など社会の構造まで踏み込んだのである。

その例を彼の初期の代表作「点と線」から見てみよう。

事件は福岡の香椎海岸で心中と思われる中年の男女の死体が発見されたことに端を発する。男は汚職の摘発が進行中の某中央官庁の課長補佐佐山憲一、女は赤坂の料亭「小雪」の仲居お時、二人が東京駅から乗車するところを離れたホームから料亭のなじみ客安田辰郎とお時の同僚に目撃されていることもあって、青酸カリによる心中とみられ、それ以上の捜査は必要なしとされた。担当したのは福岡署のベテラン刑事鳥飼重太郎である。鳥飼は二人が一緒に乗った列車食堂で男だけが食事をし一人分の領収書を持っていたこと、女が佐山を旅館に置きっぱなしにして姿を消し、五日目に電話で呼び出したことに不自然さを感じた。東京の警視庁から汚職関連で調べに来た捜査二課の若い警部補三原紀一とともに捜査に乗りだす。一人の容疑者が浮かんだ。三原は東京駅で安田がいた十三番線から十五番線が見通せるのはわずか四分間しかないという偶然に気付き、そこに作為を感じる。だが、容疑者として浮かんだ安田には、事件当日北海道にいたという完璧なアリバイがあった。

三原は北海道に出張し、実地検証をおこない、こつこつと証拠を集め、犯人のアリバイを崩し真相に迫っていく。この作品の主人公は天才的頭脳を持つ名探偵とは無縁の着古した洋服、くたびれたネクタイにすり減った靴を履いた地方警察の刑事と保険の外交員のような感じの三十代の警部補である。エリートではない二人が役割分担をしながら事件を解決していく。犯人も人間味のある陽気な人物であり、そのような人物が殺人を犯さなければならなかった背景には官庁汚職という社会悪があった。移動の手段が従来の鉄道に加え、飛行機の利用も可能になった時代も踏まえ、この「点と線」は社会派推理小説として、ミステリーマニアだけでなく、一般大衆の心を捉えベストセラーとなった。

なお、「点と線」が執筆されるにはこんな背景があった。『旅』の編集長戸塚文子は、欧米の推理小説を原文で読むほどのファンであり、かつ松本清張が時刻表好き、旅好きであると知って、編集会議で「内容は鉄道が絡んだもの」との条件で連載が決まったという。

❖ 松本清張の生い立ち

松本清張はどのような経歴の持ち主で、日本を代表する作家になったのであろうか。明治四十二年（一九〇九年）十二月、北九州市で生まれた。翌年、下関に転居。家は壇ノ浦だった。壇ノ浦の合戦で知られる土地だけに家の裏は渦潮巻く海であった。父は通行人相手に餅を売るなどあらゆる職業を転々としたが、学問に憧れ、本を読んで得た知識を清張に話して聞かせた。八歳の時小倉に移るが、家が貧しかったため高等小学校を卒業すると電器会社の給仕、印刷版下工を経て、朝日新聞九州支社に広告部常勤嘱託として入社する。新聞社に入るまでは、貸本屋で本を借りたり、書店での立ち読み、やがて図書館で文芸書を、そして雑誌『新青年』に掲載された海外の翻訳探偵小説を読み漁った。この頃、日本では江戸川乱歩の出現によって探偵小説に注目が集まり、清張も乱歩の作品を愛読した。

朝日新聞の広告部の正社員となるが仕事は面白くなく、楽しみは北九州の遺跡めぐりであった。やがて召集を受け、陸軍衛生兵として外地に送られ、朝鮮半島で終戦を迎える。

帰国して朝日新聞に復職したが、会社の給料では家族を養うことができず、箒の仲買を始め、販路確保のため四国を除く西日本各地、東は滋賀県まで足を伸ばし、各地の風俗に触れた。また空いた時間を利用して京都、奈良、飛鳥の古い神社や寺院をめぐり、これらがのちに小説を書く際の材料になる。

昭和二十五年（一九五〇年）、四十一歳の時、『週刊朝日』の懸賞「百万人の小説」に応募した「西郷札」が三等に入選、この作品は翌年直木賞候補となった。慶應医学部の教授でかねてから推理小説に社会性を加えるべきだと主張し、多くの作品を世に問うていた木々高太郎の勧めで『三田文学』に「或る『小倉日記』伝」を発表し、直木賞候補となった。しかし、その内容から芥川省選考委員会に回された。選考委員の一人坂口安吾が強く推薦し、第二十八回芥川賞（一九五三年下半期）の受賞となる。これを機会に朝日新聞東京本社への転勤を希望し、東京に住まいを定めた。

昭和三十年（一九五五年）「張込み」から推理小説を書き始め、作家として生活していく目途が立つと翌五六年朝日新聞社を退社した。昭和三十二年短編集『顔』が第十回日本探偵作家クラブ賞（現・日本推理作家協会賞）を受賞、同年日本交通公社（現・ＪＴＢ）発行の雑誌『旅』に「点と線」の連載が始まった。

『旅』は地味な雑誌だけに「点と線」は連載中にさしては評判にならなかったが、同じ時期に『週刊読売』に連載した「眼の壁」とともに翌年単行本として出版されると圧倒的な歓迎を受け、推理小説作家としての地位を確立することになった。

「眼の壁」は、当時の検事総長河合信太郎に勧められて捜査一課が扱う殺しではなく、捜査二課が担当する恐喝、詐欺、御職などの知能犯を扱った。手形のパクリ詐欺を発端にしたこの作品も、犯人を追ったのは詐欺に会い自殺した上司の部下と彼に協力した新聞記者であった。従来の推理小説の枠を超える事件と人物の設定であった。

以後、「ゼロの焦点」（昭和三十四年）、「砂の器」（昭和三十六年）など次々と発表、いずれも好評であった。

❖松本清張の推理小説の魅力

松本清張が書く推理小説の魅力はどこにあるのか。清張自身次のように述べている。

「私が推理小説を書きはじめたのは、自分ではこういう作品を読みたいという気持ちから、自給自足的な意味でためしに書いたというにほかならない。私は自分のこの試作品のなかで、物理的トリックを心理的な作業に置き換えること、特異な環境でなく、日常生活に設定を求めること、人物も特別な性格者でなく、われわれと同じような平凡人であること、描写も『背筋に氷を当てられたようなぞっとする恐怖』の類いではなく、誰もが日常の生活から経験しそうな、また予感しそうなサスペンスを求めた。これを手っ取り早くいえば、探偵小説を『お化け屋敷』掛小屋からリアリズムの外に出したかったのである」

松本清張の推理小説が多くの読者に受け入れられたのは、日常性に潜む犯罪を各地の風俗、習慣を交えながら取り上げたこと、タイトルも××殺人事件といった従来のものとは異なる「点と線」、「眼の壁」、「ゼロの焦点」、「黄色い風土」など文学的な題名であることも主婦や中高年など従来の推理小説から読者層を広げたと思われる。

出版の方法もベストセラーとなる大きな要因となった。「点と線」は日本交通公社の月刊誌

『旅』、「眼の壁」は『週刊読売』と本の刊行に無縁の雑誌の連載であった。この二つの作品に目をつけたのは、出版界の革命児といわれた光文社の神吉晴夫であった。アメリカのペーパーバックにヒントを得た新書スタイルの「カッパブックス」を創刊し、『英語に強くなる本』、『冠婚葬祭入門』、『頭の体操』などで次々ヒットを飛ばした神吉は「カッパノベルス」を考えその中心に松本清張を据えた。松本自身も印税より「広告宣伝に力を入れて欲しい」と要望、『点と線』、『目の壁』の同時発売日には、大手全国紙の一面すべてを使って広告を打った。表紙を魅力あるものとし、定価も入手しやすいものに設定した。

松本清張の小説は、映画やテレビドラマになるさまざま魅力を備えていた。その社会性やするどい人間観察に加え風土的な要素が必ずひそんでいたからである。「点と線」は九州と北海道、「眼の壁」は馬籠などの木曽路、「ゼロの焦点」は能登、「砂の器」の出雲など方言や風俗など地方性豊かな作品は、活字に加え映像にするには絶好のテーマがそこにあった。

清張自身も映画化に当たり、協力を惜しまなかった。

「張込み」の場合はこうだった。まだ捕らわれていない強盗殺人犯はかっての恋人を訪ねて必ずやってくると刑事が張り込みのため九州にやってくる。女は現在二人の子持ちの中年男の後妻となって平凡な毎日を送っている。原作の刑事は一人だが、映画化するなら刑事は二人だと脚本担当の橋本忍がいうと清張は「世話になると思うから警察にいこう」とすぐ行動に移った。原作者から警察にいこうなど提案されたことは清張以外にない。警察庁の広報課長に会って話が進み、野村芳太郎監督、山田洋次助監督が一か月ほど殺人事件を扱う捜査一課の刑事についてその実際の姿を見せてもらった。こうした準備の結果完成した映画は、女―高峰秀子、刑事―大木実、宮口精二、犯人―田村高広と俳優にも実力者を揃えた傑作となり、『キネマ旬報』ベスト八位にランクされた。松本清張も「原作以上になった」と映画化された作品のなかでも大変気に入っていたという。そして脚本橋本、監督野村は「松本清張の世界をもっとも的確に表現する」コンビとして以後六本の松本作品の映画化にかかわることになる。

❖ 松本清張の功績

一九五〇年代から六〇年代にかけて推理小説の世界における松本清張の活躍は目覚ましいものがあった。週刊誌、月刊誌の連載は単行本としてベストセラーになり、映画化される、テレビドラマになる作品も相次いだ。六一年には前年度高額納税者番付けで作家部門一位となるほどであった。六三年には江戸川乱歩の後を受けて日本推理作家協会理事長となり、以後日本の推理小説の国際的地位の向上にも意を配ることになった。

昭和五十二年（一九七七年）には光文社などの協力を得てアメリカの世界的推理小説作家エラリー・クイーンを日本に招いた。クイーンとの対談で推理小説の基本的な考え方について互いに同意するとともに、クイーンが推すイギリスの作家トマス・バークの作品について「意外性のみ狙ったもので動機が皆無であり、普遍性がない」と清張は主張して論争となるなど互いに意見を戦わした。英語版の『エラリー・クイーンズ・ミステリ・マガジン』に載った最初の日本人の作品が松本清張の「地方紙を買う女」であり、クイーンも日本の推理小説作家のなかではその力を認めたのであった。昭和六十一年（一九八六年）には「点と線」が英訳され、「ニューヨーク・タイムズ」は「伝統的のものであるが、息もつかせぬ探偵小説」と紹介した。

昭和六十二年にはフランスのグルノーブルで開催された「世界推理作家会議」に招かれ、講演をおこなった。日本の推理小説作家の作品はなかなか翻訳されないので海外では知られていないが、海外の作品に比べ引けを取らないと紹介した。帰国後は日本の作品の真価を外国の読者にも知らせるため、外国語への翻訳が行われるべきだと主張した。

「清張以後」なにが起こったか。推理小説の分野に社会派が登場した。一九六〇年代には水上勉など様々な作家が新しいテーマと視点を引っ提げて推理小説に挑み、七〇年代には森村誠一作品が「読んでから見るか、見てから読むか」のキャッチフレーズで映画・テレビドラマとのドッキングでブームを引き起こした。八〇年代にはライトミステリーやトラベルミステリーが登場、大学ミステリー研究会出身の若手作家が現れ、推理小説の世界も多様化・多彩化した。

松本清張の活躍は推理小説にとどまらなかった。「小説帝銀事件」を発表して以来「日本の黒い霧」、「現代官僚論」、「昭和史発掘」など現代史の謎、暗黒の部分に光をあてる作品も多く、さらに古代史にも関心を持ち考古学の分野にも踏み込み、専門の研究者との交流にまで及んだ。

平成四年（一九九二年）、八十二歳で他界するが、その業績を記念して「松本清張賞」が制定されたのは、没後二年の平成六年のことであった。日本文学振興会が主催し、文藝春秋が運営することの賞は、第一回から第五回までは広義の推理小説または歴史・時代小説の短編、第六回から長編となり、第十一回以降はジャンルを問わぬ長編エンターテインメント作品と方針は変更されたが、受賞作は文藝春秋から単行本となって刊行され、長編が条件になってからほとんどが文庫本となって広い範囲の読者を楽しませている。

また、生前の功績を称えてその業績と生涯を後世に伝えることを目的に、清張の故郷である九州小倉に松本清張記念館がオープンしたのは平成十年（一九九八年）八月であった。作家としての清張の業績を映像や展示物などで紹介している。執筆に使った書斎や書庫、メディア関係者が原稿取りで待機した応接間などが再現され、時折生誕百年の特別企画展や講演会などの記念イベントも行われている。館長には文藝春秋で長年松本清張を担当した藤井康栄が就任、来館者に思い出を語っている。

【参考文献】
藤井康栄『松本清張の残像』（文春新書）（二〇〇二年、文藝春秋）
権田萬治『松本清張―時代の闇を見つめた作家』（二〇〇九年、文藝春秋）

司馬遼太郎と歴史小説

多くの人々を魅了した国民的作家

司馬遼太郎《しばりょうたろう》（一九二三～一九九六）

本名・福田定一。

大阪生まれ。産経新聞社勤務時代に「梟の城」で直木賞受賞。綿密に史料を読み込み独自の解釈を加えた歴史小説の新分野を開拓した。代表作は「龍馬がゆく」「国盗り物語」「空海の風景」「坂の上の雲」など。「歴史を紀行する」「街道をゆく」など歴史紀行エッセイも多くの読者に共感をもって迎えられた。文化勲章受章。

❖ 生い立ち

司馬遼太郎のファンは多い。幅も広い。年齢層は中学生から高齢者、男性に限らず、女性の愛読者もいる。その理由は、小説のみならず紀行文、エッセイ、対談、講演などいろいろな分野で活躍し、新聞、月刊誌、週刊誌、テレビなど多岐に渡り、映画化、テレビドラマ化された作品も多く、その幅広い考えが支持されているからであろう。

司馬遼太郎（本名福田定一）は、大正十二年（一九二三年）八月、大阪で薬局を経営する家に生まれた。地元の小学校から上宮中学校に進学したが、授業中こんなことがあった。先生にニューヨークの名前の由来を質問した。普段あまり勉強もせず、先生との相性も良くなかったのであろう。「地名に由来などないんだ。おまえはそんなことばかり考えているから勉強ができないんだ」と言われた。でもなんでそういう名前がついたのか、ニューヨークの地名を知ろうと、放課後に大阪市立図書館にいって本で調べるとちゃんと書いてあった。当初オランダ領であったところからニューアムステルダムの名がついたが、イギリス領に変わって国王の弟がヨークであったのでニューヨークになったことが判ったのだ。そうか、本を読めば判るんだ。それから毎日放課後になると図書館通いが始まる。古今東西の本を読み漁った。

中学を卒業し、高校を受験した。家庭の事情で私立でなく公立に限られたが、旧制大阪高校、弘前高校とも不合格、やむなく大阪外国語学校（現大阪大学外国語学部）蒙古語学科に入学した。読書欲は益々高じ、ロシア文学や司馬遷の『史記』などを愛読した。その間、古代中国の周辺にある民族、匈奴あるいは韃靼、モンゴルなどに大いに関心を持った。それがのちに司馬遼太郎の思考の範囲が日本史を日本の中から考えるのではなく、朝鮮半島から中央アジアにまで広がることにつながり、「司馬史観」の形成となっていった。

昭和十八年（一九四三年）、学徒出陣により大阪外語を仮卒業、戦車隊に編入された。満州の陸軍戦車学校で訓練を受けるが、文系であったため機械に弱く、成績が悪かったため、中国大陸に配属になった。本土決戦のため日本に戻り、栃木県で終戦を迎える。ここで司馬遼太郎は考えた。なぜ、このような愚かな戦争をしたのか、では戦国時代や江戸時代の人が今の時代にいたら同じことを起こしたのであろうか、二十二歳の自分には判らない。その時に自分、つまり二十二歳の自分に対して書いた手紙が作品であると後に語っている。それが、歴史小説を書く際の指針となった。

戦後の混乱の中、大阪の焼け野原の電柱にあった「新聞記者募集」の張り紙でようやく見つけた職がちょっといかがわしい小さな新聞社であった。その新聞社は間もなく倒産。産経新聞から「外語出身だから英語ぐらいできるだろう」と誤解されて雇われ、京都支局勤務となった。歌人川田順の失踪事件を追って「老いらくの恋」と見出しをつけて流行語とするなど、その頃からこうしたセンスは抜群だった。やがて大阪本社勤務になるが、京都の寺社回り、京都大学担当となる。京都の僧侶の話を聞いたり、京大の碩学フランス文学の桑原武夫、中国文学の貝塚茂樹などから取材するうちに「産経の福田はええ子やで……」と可愛がられ、さまざまな分野の知識を吸収していった。

❖作家司馬遼太郎の誕生

仕事は充実していたが、新聞社の給料では欲しい辞書も買えない。友人で僧侶の寺内大吉から勧められたのが、懸賞小説への応募であった。『講談倶楽部』の募集にたった二晩で四百字原稿用紙七十枚の作品「ペルシャの幻術師」を書き上げて送った。千数百点の応募の中から何編か粗選りされたなかには入ったが、選考委員は一人を除いてほとんどが評価しなかった。歴史小説の大家海音寺潮五郎が「これこそ次の時代を担う作品だ」と熱弁を振るい、周りの選考委員も次第に耳を傾け最終的に一番評価の高かったものと同時受賞という形での入選となった。

この時はじめて使ったペンネームが司馬遼太郎であった。「司馬遷に遼かに及ばず」からとったという。やがて宗教新聞『中外日報』に連載した戦国時代を背景に伊賀の忍者が秀吉の暗殺を企てる『梟のいる都城』は『梟の城』と改題され、直木賞候補となりまたも海音寺潮五郎の大熱弁に救われての受賞であった。吉川英治が反対した。海音寺が「吉川先生、あなたはなぜこの作品に反対なのですか。あなたの若い頃を彷彿させますよ」と言うと「だから嫌なんです」との答えが返ってきたという。

直木賞受賞を機会に作家に専心するため産経新聞社を退社、以後活発な活動を続けることになる。司馬遼太郎の名を世間に広めたのは『産経新聞』に連載した「竜馬がゆく」であった。当初、坂本竜馬にあまり関心がなかった。土佐出身の新聞社の後輩が「ぜひ、こんどは坂本竜馬を書いてください」と熱心に口説く。土佐人は郷土愛が強くあまりのしつこさにいささか辟易しながら聞き流していたが、坂本竜馬の名前だけは記憶していた。やがて、明治維新関係の文献を読みこんだり、竜馬の手紙などの資料に当たり、調べれば調べるほど魅力的な人物であることに気が付く。土佐藩の脱藩浪士ながら薩摩、長州、越前を動かし、資金を調達して株式会社亀山社中をつくる。討幕と貿易をつなげる組織作りなど幕末の志士のなかにあって、当時としては考えられないようなスケールの大きい豊かな計画性に惹かれ、執筆の意欲が湧き、なんと四年に及ぶ長期連載となった。

「司馬さんがある作品を書くと関連分野の文献と資料が神田の古本屋街から消える」といわれたほど、小型トラックで膨大な文献と資料が大阪まで運ばれてきた。志を抱いた青年が幾多の苦難の経験を経て成長し、人格を形成していく。日本型ロマンであり、竜馬の自由、闊達、先見性に富んだ人格は高度成長期の日本人を魅了した。「余談だが」と物語と直接関係ないエピソードや司馬自身の体験を時折交える独特の手法も読者に歓迎された。

❖ 多彩な歴史小説

歴史小説で扱う時代は、古代から明治・大正まで広い範囲に及んだ。日本が中国世界や朝鮮半島と密接だった古代に題材をとった「空海の風景」、貴族が成熟し、武士が躍動する中世をテーマとした「義経」、北条早雲の「箱根の坂」、戦国時代は斎藤道三を主人公とする「国盗り物語」、秀吉の「新史太閤記」、家康の「覇王の家」、江戸時代に入ると廻船業で一時代を築いた高田屋嘉兵衛が活躍する「菜の花の沖」、江戸最強の剣士といわれた千葉周作の「北斗の人」など次々と秀作を世に送った。

激動の時期に日本を動かした人物を描くのは幕末維新を舞台とするものだ。「竜馬がゆく」、ニヒルな性格で読者を引き込む「燃えよ剣」の土方歳三、合理主義者で技術者の村田蔵六を主役とする「花神」、吉田松陰と高杉晋作の「世に棲む日日」、賊軍となった長岡藩の家老河井継之助を主人公とする「峠」、旗本の先祖を持ちながら侠客となった明石屋万吉が活躍する「俄—浪華遊侠伝」、医者にとっての幕末は蘭方医松本良順の「胡蝶の夢」がある。

司馬遼太郎にとって、明治時代とは江戸時代の武士道の精神を汲みながら、近代国家を目指すしっかりした人間像ができ、公と私のバランスが極めて健康的な形で保たれた時代と見る。そうした観点から秋山好古、真之兄弟と正岡子規を主人公として、日露戦争までの日本を映し出した傑作が「坂の上の雲」であった。コサック騎兵と戦う好古、バルチック艦隊を迎え撃つ作戦参謀真之。その戦いぶりをみても、現実を直視し、リアリズムを重視して作戦を立てる。児玉源太郎、大山巌なども前線にありながら「早く和平交渉をせよ。ロシアが態勢を整えて攻めてくるに違いない。早くアメリカのローズヴェルトに仲介を依頼せよ」と現場から意見具申をおこなう。こうした合理主義、地に足の着いた考え方は正岡子規にもみられ、いかに当時の指導的立場にあった日本人がリアリズムに徹していたかを詳述する。

「司馬は明治時代の明るいところばかり描いている」との批判もあるが、小作争議、女工哀史など暗く重苦しい時代であったことも十分理解していながら、日本が植民地化されず近代化を早く達成するにはどのような手段、方法があったのか、そうした思いを持った人たちを取り上げたのであった。

昭和を舞台とする作品はついに生まれなかった。戦車部隊にいた自分の体験を活かし、ノモンハン事件を書こうと資料を集め、綿密な取材を重ねていった。ノモンハン事件とは、昭和十四年（一九三九年）五月から八月にかけてモンゴルと満州の国境で日ソ両軍が軍事衝突し、ソ連側の圧倒的に優勢な火力と戦車群の前に日本が大敗北を喫した事件である。火縄銃対大砲ほどの戦力の差がありながら、「関東軍の面子、威信の保持」にこだわり、一万九千人もの死傷者を出したこの「無益」な戦争を取り上げようと意欲を燃やしたのだ。当時の関係者とのインタビューを重ねるうち、ひとりの人物にめぐりあった。ノモンハンの戦場で生き残り、その後軍の忌避にあって免職させられた歩兵部隊の連隊長であった。この連隊長は貧弱な装備のまま、力の差がまったく違うソ連戦車部隊と戦い、歩兵部隊を指揮して少数ながら生き残り、師団長の無謀な作戦命令を拒否して、部隊の生存者を無意味な死から救った人物であった。信州の温泉宿の主人となっているこの連隊長をメインに据えて執筆しようと準備を進めていった。乏しい装備で果敢に相手に立ち向かう、無駄な戦死者を出さない、この連隊長の行動を通じてノモンハン事件を描けば、大敗北を喫する太平洋戦争のミニ版を描き出せる筈であった。

だが、思わぬことからこの執筆は断念せざるを得なかった。文藝春秋の関係者によると、司馬遼太郎が『文藝春秋』で元大本営参謀で伊藤忠商事副社長の瀬島龍三と対談したことに「信州の連隊長」が激怒し、以後一切協力しないと絶縁状を送りつけてきたのだ。

❖司馬遼太郎の遺産

「六十五歳をすぎたら小説は書かない」との言葉どおり、『韃靼疾風録』を最後に、紀行文やエッセイ、対談などに力を注ぐことになる。昭和四十六年（一九七一年）一月から『週刊朝日』に連載を開始した「街道をゆく」は、その後単行本として四十三巻になるほどの長期におよんだが、第一巻の『湖西のみち・楽浪の志賀』から最終巻『濃尾参州記・家康の本質』まで国内各地はもちろん台湾、ニューヨークからアイルランド、オランダなども訪れた。現在と過去、筆者と歴史上の人物の間を自在に往来する独自の歴史観は、独創的な文学表現とあいまって歴史地理の世界に読者を誘い、好評であった。

「終戦の放送を聞いたあと、なんとおろかな国にうまれたかとおもった」という司馬は、『文藝春秋』の巻頭随筆「この国のかたち」でその愚かさにさまざまな角度から照明をあてた日本論、日本人論を展開した。「日本について」ではなくあえて「この国のかたち」と突き放して距離をとりながら、その豊富な知識を散りばめて縦横に論じるコラムは司馬作品のエッセンスともいえる。

講演も積極的に引き受け、小学生のため「二十一世紀に生きる君たちへ」を執筆した。その最後をこう締めくくった。

——もう一度くり返そう。さきに私は自己を確立せよ、と言った。自分にきびしく、相手にやさしく、とも言った。それらを訓練せよ、とも言った。それらを訓練することで、自己が確立されていくのである。そして〝たのもしい君たち〟になっていくのである——

その多方面における活動が評価され、平成四年（一九九二年）に文化勲章を受章するまでにいたった。

司馬遼太郎は七十二歳で急逝する。司馬の欠点は極端な医者嫌いであったことだった。不意に吐血し救急車で国立大阪病院に搬送されたが、健康診断書もなにもなく、医師は初診の状況から始めなければならなかった。内視鏡検査で胃腸に何の異変も見られず、十二指腸潰瘍かもしれないと診断を変え、ようやく動脈瘤亀裂による出血と判るまでかなりの時間が経過していた。九時間をかけての手術、四万ccにおよぶ輸血にもかかわらず、このかけがえのない大作家は天に召された。

司馬はいくつかの遺産を残した。司馬遼太郎記念財団が発足し、賞やイベントが制定され、企画され、実行に移された。

第一は司馬遼太郎賞の制定である。文芸、学芸、ジャーナリズムの広い分野のなかで発表された「創造性にあふれ、さらなる活躍を予感させる作品」を顕彰するものである。

第二は、二十一世紀を担う若者たちを対象とした「司馬遼太郎フェローシップ」である。満十六歳から二十五歳までに年齢を限定し、司馬遼太郎の作品群にインスピレーションを得た知的世界への探求企画に一件につき三十万円の奨励金を出す。企画がパスするとそれを一年以内に実行しレポートの提出が義務づけられる。企画のなかには「坂の上の雲」からヒントを得て、明治時代の女子教育に興味を持ち、日本の「良妻賢母」を目標とする教育と中国の女性の社会進出を目指す教育を比較するのに日本の華族女学校と中国の振華女学校を例にその違いを分析したユニークなものがある。

命日の二月十二日前後に毎年、東京と大阪で開催される「菜の花忌シンポジウム」、そしてかっての住居の場所に司馬遼太郎記念館が建てられた。記念館は会誌「遼」を年に四回刊行し、東大阪の建物を訪れると司馬が収集した膨大な文献と資料に接し、企画展などを楽しむことができる。

【参考文献】

森　史朗『司馬遼太郎に日本人を学ぶ』（文春新書）（二〇一六年、文藝春秋）
上村洋行「司馬遼太郎のメッセージ」（『交詢雑誌』六一四号、二〇一六年七月）

王・長嶋とプロ野球

戦後の日本プロ野球を変えたON

王《おう》　貞治《さだはる》（一九四〇〜　）
東京生まれ。早稲田実業のエースとして選抜高校野球で優勝。巨人入団後一塁手に。「一本足打法」により通算八六八本塁打を記録。長嶋とともにＯＮ砲と呼ばれプロ野球に黄金時代をもたらした。引退後は巨人、ダイエー監督に。現在はソフトバンク会長。国民栄誉賞受賞。

長嶋茂雄《ながしましげお》（一九三六〜　）
千葉県生まれ。立教大学時代は東京六大学のスター。巨人入団後は十三回のリーグ優勝に貢献。天覧試合のサヨナラホームランなど華のあるプレーで戦後プロ野球のスーパースターとなった。引退後は巨人監督。現在は巨人終身名誉監督。国民栄誉賞受賞。

❖ 感動の引退セレモニー

「昭和三十三年、栄光の巨人軍入団以来、今日まで十七年間、巨人並びに長嶋茂雄のために絶大なる応援をいただきまして誠にありがとうございました。……今日まで一生懸命野球生活を続けてまいりましたが、今ここに自らの体力の限界を知るに至り引退を決意しました。……わたくしは今日ここに引退をいたしますが、我が巨人軍は永久に不滅です……」

長嶋の言葉のすべてを聞き取ろうと球場から雑音が消えた。

プロ野球が生んだ最大のスター長嶋茂雄が現役生活に別れを告げたのは昭和四十九年（一九七四年）十月十四日のことであった。午後五時を過ぎ、マウンド上でスポットライトを浴びた長嶋のバックには「ミスターＧ　栄光の背番号３」が後楽園球場の電光掲示板に映し出されていた。

本来、前日の日曜日におこなう筈であった引退試合は雨のため一日遅れ、月曜日の開催となった。ウイークデーにもかかわらず、長嶋の最後のユニフォーム姿を見ようとするファンで球場は満員となった。この日は中日とのゲームであった。巨人のＶ10を阻止し、二十年振りの優勝を決めたドラゴンズは地元で優勝パレードを予定しており、主力はほとんど名古屋に残り、若手中心のメンバーだった。順延のため、中日との戦いはダブルヘッダーとなった。第一試合の四回、長嶋はレフトに十五号ホームランを叩きこんだ。通算四四四号、「まだいけるぞ！」とファンが叫ぶなか、長嶋は足早にダイヤモンドを一周する。王が七回にライトスタンドにホームラン、一〇六回目となる最後のアベックホームランであった。

第二試合が始まる前、長嶋は予定外の行動に出た。係員の制止を振り切って外野に向かった。外野のファンにお別れがしたかったのだ。興奮したファンがスタンドからグラウンドに飛び降りなにかあったら大変だと危惧したが、その心配は杞憂に終わった。ライトからレフトのフェンス沿いにこらえきれない涙をタオルで抑えながら歩く長嶋にファンから「長嶋やめるな」、「ありがとう」などの言葉が降り注いだ。黙って涙する中年男性、中には目をつぶり、手を合わせる老婦人の姿さえ見られた。

ファンだけではない。この日声を抑えて実況中継を担当していたNHKの大ベテラン鈴木文弥アナウンサーの眼鏡の下に涙が伝わり、記者席にも嗚咽が広がっていった。

こうして戦後最大のプロ野球のスターは惜しまれつつ背番号3のユニフォームを脱ぐことになった。

❖ 鮮烈なデビュー

長嶋は立教大学時代からスターだった。昭和二十年代から三十年代にかけて日本野球の中心となったのは東京六大学であった。甲子園で活躍した高校野球の逸材が神宮球場でプレーしようとこぞって東京六大学を目指した。長嶋の立教には杉浦忠、本屋敷錦吾、早稲田に木村保、森徹、慶應に藤田元司、佐々木信也、明治に秋山登、土井淳など後にプロ野球の世界で活躍する人材が神宮で力を競っていた。人気も六大学の方がプロより上だった。各校の学生応援団席は常時満員、一般のファンも多く、早慶戦ともなれば徹夜の行列ができた。

そうしたなかで長嶋は、首位打者二回、ベストナインに五期連続選出され、東京六大学野球の通算ホームラン記録を塗り替えるなど守備、走塁の華麗なプレーと相まってプロの各球団が目を付けたのは当然であった。長嶋が選んだのは巨人であった。長嶋の巨人入団がいかにプロ野球人気を盛り上げると期待されたか。正式契約と同時に巨人の本拠地後楽園球場を持つ株式会社後楽園の株価が八十円から八十六円に、三月になってオープン戦で活躍すると一挙に百円になったことにも示されていた。株価が百二十円にまで上がって迎えた開幕戦、長嶋を待ち構えていたのは国鉄スワローズ（現ヤクルト）の金田正一であった。

当時の金田は高めにホップする快速球と〝天井から落ちてくるような〟大きなカーブで三振をとることを生きがいにし、しかも目立つことが大好きな選手だった。金田にとって最高の舞台が用意されたのだ。一回、一番与那嶺、二番広岡をいきなり連続三振に斬って取り、三番長嶋を迎えた。

第一球手元でぐっと伸びる快速球を空振り、第二球大きく曲がるカーブに手が出ず見送りストライク、第三球ボール、第四球またも空振りで三振、第二打席、第三打席、第四打席とすべて三振に斬って取られた。この間、金田が投じた十九球のうちバットを振ったのは十球だったが、九球は空振りだった。ファウルはたった一球、あとはかすりもしなかった。しかし長嶋は三振を恐れて当てにいこうとせず、力一杯バットを振った。

金田は回想する。「ワシはプロの第一人者の面目を保ったという誇りとは別に恐ろしい打者が誕生したものだ、とこの日思った。とうとう打球は前に飛ばなかったが、思い切ってバットを振ってくる豪快さ、負けん気の強さ、守備のうまさ、などに舌をまいたものだ。超満員のスタンドのざわめきをよそに、ワシはいつかこの男に打たれるという思いに沈んでいた」。

一年目の長嶋は打率三割五厘、ホームラン二十九本、三十七盗塁を記録。ホームランを打ちながら一塁を踏み忘れて取り消された一本があれば、三割、三十ホーマー、三十盗塁の「トリプルスリー」を達成するところであった。金田に対しても、金田が巨人に移籍し直接対決がなくなるまで、通算すると三割一分三厘、ホームランも十八本と打ち込むにいたった。

❖ 王貞治の登場

王貞治が巨人軍の一員に加わったのは、長嶋に遅れること一年、昭和三十四年のことであった。王が野球選手になったのは偶然思いもかけないきっかけからであった。父の王仕福さんは戦前中国から日本にやってきて苦労して中華料理店を開店し成功したが、子どもには人の役に立つ技術を身に付けさせようと考えた。その意を受け兄の鉄城は慶應の医学部を卒業し医師となった。弟の貞治は十歳年上の兄が慶應医学部の野球部でプレーしていたこともあって、野球にのめりこんでいった。しかし入学した本所中学には野球部がなく、活動拠点は野球好きの町工場のおやじさんが作った厩四ケープハーツというクラブチームだった。クラブの中心は高校生だったが、中学生の王はカーブも投げられるピッチャーとして戦力となり右打席で打つバッティングもまずまずだった。東京都が開催する大会の知らせに急遽作った本所中学野球部、バッテリーがしっかりしていたため、区大会で優勝、都大会も二回戦まで勝ち進んだ。やがて「本所中学にすごい投手がいる」と評判になり、早稲田実業、明治高校、日大三高など高校野球の強豪校から勧誘されるまでになった。ある日、厩四ケープハーツで練習していると、自転車に乗ったおじさんに声を掛けられた。

「坊や、どうして右で打っているの。左で打ってごらん」

言われたように左打席で打つとジャストミート、大きな二塁打となった。このおじさんは早実から早稲田に進み当時毎日オリオンズ（現ロッテ）に入団して二年目の荒川博であった。後に巨人のバッティングコーチとして招かれ、王に「一本足打法」を授けて世界のホームラン王への道を拓いてくれた荒川との出会いであった。

だが王自身、将来プロ野球の道に進もうとはまったく考えていなかった。父仕福さんの希望通り技師を目指したからである。しかし技師になるため受験した都立墨田川高校は自信があったにもかかわらず不合格。考えた末、兄の励ましもあって早稲田実業に進学することになる。

早実に進んだ王は一年春からレギュラー、レフト兼控え投手として早くも夏の甲子園に出場した。二回戦で敗れるが、秋から投手に専念、春の選抜大会にはエースで四番として登場、一回戦から準決勝まで三試合連続完封、決勝で高知商業を5―3で破り、早実初の全国制覇の原動力となった。夏は準々決勝で敗れ、春夏連覇の夢はかなわなかった。

三年となって主将として臨んだ春の選抜は準々決勝で、夏は都大会決勝で明治高との決勝で延長十二回表4点を勝ち越しながらその裏5点を失って敗退。大学進学への意思が揺らいだ。家族会議の結果、当初プロ入りに反対だった父も最後に折れ、遂に巨人入団となった。

長嶋がルーキーイヤーから期待を裏切らない活躍をしたのに対し、王はひどかった。投手は無理と判断され、一塁手で出場したが、開幕から犠飛一本のみで十二試合ノーヒット。それでも水原監督はがまんして使ってくれた。初ヒットがホームランとはいかにも王らしかったが、一年目は打率一割六分一厘、ホームラン七本と惨憺たる成績しか残せなかった。

❖ 天覧試合

天皇陛下にプロ野球を観戦していただきたい、天覧試合をやりたい―プロ野球関係者の長年の悲願であった。戦前はもとより戦後になっても野球の本流は大学野球、高校野球、都市対抗であり、東京六大学野球のスターであってもあえてプロ入りせず、企業に入り実業団でプレーする道を選ぶ者も多かった。

関係者の努力によって、天皇陛下ご夫妻をお迎えしてのプロ野球―巨人・阪神戦が実現したのは、長嶋が入団して二年目、王にとってルーキーイヤーとなる昭和三十四年（一九五九年）六月二十五日のことであった。巨人の監督水原茂は特別な思いだった。三十年前の昭和四年、天覧の早慶戦の折、慶應の選手として出場していたのだ。二度も陛下の前で試合ができる喜びをかみしめていた。一方、阪神監督田中義雄はベンチのなかで泣きっぱなしだった。ハワイ出身の日系二世で戦前のタイガースに入団したカイザー田中にとって、天皇陛下は〝神〟に等しい存在だった。陛下の前でプレーできる感激で一杯だったのだ。長嶋も興奮して前夜はバットを枕元に置いて午前二時まで寝付かれなかった。

後楽園球場も警備を含め万全の準備を整えた。陛下のお通りになる通路を磨き過ぎ、かえって滑る恐れが出たほどだった。試合前日、説明役のパ・リーグ中沢不二雄会長がメンバー表を手に何度もリハーサルをやったり、審判団がダイヤモンド付近に整列して敬礼の練習を反復したり、異常な緊張のもとに当日を迎えた。

当日、テレビはＮＨＫ、民放の放映となった。本来後楽園の巨人戦は日本テレビ系列の独占であったが、民放では視聴できる地域が限られ、全国のファンに見てもらうにはＮＨＫしかないと特別に許可されての放映となった。四月の皇太子ご成婚パレード中継でテレビが売れに売れている時と重なり、この試合の中継は国民的関心を呼ぶことになる。

両軍の監督、選手、審判がホームプレート前に並んでネット裏貴賓席に着かれた両陛下にご挨拶したあと、午後七時試合プレーボールが宣告された。巨人は藤田、阪神は小山、両エースの先発である。「なんとかプロ野球らしい面白いゲームをお目にかけたいものだ」との水原監督の気持ちが通じたのか、試合は追いつ追われつの大熱戦となった。三回、阪神が一点を先取すれば、五回に長嶋、坂崎がホームランを打って逆転、六回阪神が4―2と再逆転。七回王が2ランホーマーを放って再び巨人が同点に追いつく。4―4の同点で九回裏を迎えた。阪神は八回裏から小山に代えて村山を投入した。この年関大からタイガースにはいった村山は悲壮感あふれる力投で巨人打線に向かった。もしこの回の巨人が無得点なら延長戦となる。両陛下のお帰りの時間が迫ってきた。

この回先頭打者として登場したのが長嶋である。ボールカウント2―2から投じた村山のシュートボールがインコースに入った。バットから弾かれたボールはポールを巻くようにして満員のレフトスタンドに飛び込んだ。絵に描いたようなサヨナラホームラン。小躍りしながらベースを一周する長嶋、まさに千両役者の姿だった。

この天覧試合は、アマチュアより低く見られがちだったプロ野球が国民的娯楽として認知されるきっかけとなった。

❖ ONとプロ野球黄金時代

天覧試合で七番を打っていた王が打撃に開眼するのは入団三年目、バッティングコーチに迎えられた荒川博の助言により一本足打法をマスターしてからである。三番に定着し、四番長嶋と並ぶ打線は、ヤンキースのマントル、マリスのMM砲にヒントを得てON砲と命名され、やがてONはメディアを通じて浸透していった。同じチームにライバルがいればお互いに刺激される。さらに他球団には打倒巨人、ONを抑えようと手ぐすねひいている投手陣がいた。阪神の村山、江夏、大洋の平松、中日の星野、広島の外木場など各チームのエースが速球や変化球を磨き、タイミングをはずすなどあらゆる手段でONを軸とする巨人打線に立ち向かった。

そうしたON中心の試合の模様、名勝負は連日のようにテレビ、ラジオ、新聞、雑誌によって報道された。後楽園球場の巨人戦の独占中継権を持つ日本テレビ系列、読売新聞、報知新聞などマスメディアの読売グループをバックに持つ巨人は報道の面でも優位に立った。川上監督の下、神宮、甲子園の実力者をはじめ他球団からも巨人ブランドと好条件で選手を集め競争させるやり方は、外から招いた牧野茂ヘッドコーチの「ドジャースの戦法」を手本にした守備、走塁も重視するチームプレーの実践と相まって空前絶後の九連覇の偉業へとつながる。スーパースターがいてチームが強い、人気がでるのは当然だ。折から日本は高度成長時代にさしかかろうとしていた。「冷えたビールを飲みながらテレビで巨人戦を見る」、これが当時の猛烈サラリーマンにとって一番安上がりな娯楽といわれた。

通算八六八本のホームラン、三冠王二回の王は「記録に残り」、天覧試合のサヨナラホームラン、歴代最多四回の日本シリーズMVPなど長嶋はまさに「記憶に残る」プレーヤーであった。ONが同じ時期、それも巨人にいたことが、日本プロ野球を変えたのであった。

【参考文献】

王貞治『もっと遠くへ—私の履歴書』(二〇一五年、日本経済新聞出版社)
長嶋茂雄『野球は人生そのものだ』(二〇〇九年、講談社)
水原茂『わが野球人生』(一九八〇年、恒文社)

山田洋次と渥美清

寅さんの世界

山田洋次《やまだようじ》（一九三一〜　）
大阪生まれ。東京大学卒業後松竹に入社。寅さんシリーズのほか「幸福の黄色いハンカチ」「たそがれ清兵衛」「家族はつらいよ」などの作品でも知られる。

渥美《あつみ》　清《きよし》（一九二八〜一九九六）
東京生まれ。浅草の舞台コメディアンからNHKテレビのバラエティ番組で人気を得、映画界に入る。テキ屋の口上など独特の話芸と演技により寅さんシリーズで国民的人気を得た。

❖ 寅さんと日本人

青森県出身で映画評論家から作家になり、故郷をテーマにした「津軽じょんがら節」、「津軽世去れ節」で直木賞を受賞した長部日出雄は、久々に帰った弘前での思い出をこんな風に書いている。

……弘前に帰り、映画館へ行くと、こちらが中学、高校のころは、いつも満員だった客席が、どこもガラガラで閑古鳥が鳴いているのに、愕然とした。

それが「寅さん」が上映されるときは、映画全盛時代とおなじ熱気に溢れ、笑いで弾けそうになる。

弘前で暮らした二年半、当方の年収の平均は八十数万円。いくら三十何年まえの田舎暮らしでも、月に七万で夫婦二人の生活は楽ではない。だが、貧しい夫婦が「寅さん」を観に行って、満員の観客と一緒におもいきり笑い、涙を流して、寒風吹きすさぶ雪道を帰る途中、道端に明かりが洩れる屋台に入り、熱いラーメンを啜ると、まえは月並だとおもっていたそんな公式が、しみじみと有り難く、笑いと涙とともに生きていくのに欠かせないものであることを、はっきり実感できた。……

東京の下町、葛飾柴又の草団子屋「とらや」を舞台に展開される人情喜劇、「フーテンの寅」こと車寅次郎は父親車平造が芸者菊との間に作った子供だ。十六歳で父親と大喧嘩をして家を飛び出し、テキ屋稼業で全国を渡り歩く渡世人となる。「とらや」を営むおいちゃん、おばちゃん夫婦、異母妹のさくら、さくらの夫博、博が勤務する隣の印刷工場のタコ社長、柴又題経寺の住職御前さま、寺男で舎弟の源公、それに毎回寅が惚れ込んで最後に振られるマドンナ……。マドンナを除きいつの作品も同じ顔触れだ。レギュラーが固定化していると観客に安心感を与えると同時に、今度登場するマドンナとどこでどんなきっかけで出会い、どこで別れるのかも興味をそそる。

それに加え、寅次郎が旅に出る全国各地がロケ地として選ばれ、土地の風物とともに紹介されるのもこのシリーズの楽しみとなった。第一作の京都、奈良にはじまり、北は北海道の支笏湖、奥尻島、網走、南は沖縄から長崎の平戸、熊本の天草から海外はオーストリアのウイーン、オランダのアムステルダムに及び、全四十八作品のなかで行かなかったのは、高知県、富山県、埼玉県だけだったという。

年二回、正月とお盆の時期に公開される「男はつらいよ」は「寅さんシリーズ」と呼ばれ、どの作品もヒットし、なんと二十六年にわたる四十八作品となり、世界最長の映画シリーズとしてギネスブック国際版にも認定された。

寅さんファンは庶民だけではない。小渕恵三元首相はファンクラブ会員第一号、昭和天皇はビデオ全巻を持っておられ、北朝鮮の金日成首相は日本からの議員訪朝団の前で寅さんのたたき売りの物まねを演じ「日本にいくことがあったら必ず柴又にいく」と周囲に話していたという。

このように日本人のみならず、外国人にまで愛された「寅さん」はどのようにして誕生したのであろうか。

❖ 山田洋次、渥美清と寅さんの誕生まで

寅さんを生んだ監督の山田洋次と寅さんの代名詞になった渥美清という俳優はどのようにして「男はつらいよ」にたどり着いたのか。

山田洋次は昭和六年（一九三一年）、大阪に生まれた。満鉄の技師であった父に伴い、二歳で満州に渡り少年期を過ごす。敗戦と同時に自宅は八路軍に接収され、引き揚げるまでの一年半、苦しい生活を送り、寅さんのような露天商も経験した。昭和二十二年（一九四七年）、一家で日本に引き揚げ、山口県宇部市の伯母の家で過ごすが、宇部中学では異端視された。やがて両親が離婚、家族はバラバラになる。一家団欒への憧れ、血のつながりへの疑問が後の映画に盛り込まれることになる。旧制山口高校に入学、学制改革により都立小山台高校に転校して東大に進学、法学部に籍を置いたが、ほとんど授業に出席せず、あやうく退学になるところだったが、なんとか卒業した。新聞社勤務を経て松竹を受験するが、映画全盛時代であり、志望者も多く補欠での入社であった。

松本清張作品の映画化で定評のあった野村芳太郎監督のもと脚本を書いたり、助監督を務めた。当時の松竹には同期に大島渚、一年先輩に篠田正浩、一年後輩に吉田喜重とヌーベルバー

グの旗手が揃い、小津安二郎に代表される松竹大船調からの脱皮を目指していた。

ヌーベルバーグ組の派手な動きに対し、野村監督の下で黙々と仕事する山田の姿に、当時の関係者は「山田さんは地味だけどいまにきっと出てきて長続きする人になるよ」と噂していたという。昭和三十六年（一九六一年）「二階の他人」で監督としてデビューしたが、なかなかヒット作品を出すことはできない。ようやく探り当てたのがコメディを中心とする路線であり「下町の太陽」、「馬鹿まるだし」などハナ肇を主演とした作品を多く手掛けることで息をついた。

一方、渥美清は昭和三年（一九二八年）、東京は下谷区車坂町で地方新聞記者の父と元小学校教師の母との間に次男として生まれた。小学校時代は病弱でさまざまな病気に見舞われ、学校を欠席することが多く、自宅でラジオを聴いては徳川夢声や落語を楽しみ、覚えた落語を学校で披露すると大受けだった。昭和二十年（一九四五年）三月十日の東京大空襲で自宅が被災、中学卒業後、工員とした働きながら担ぎ屋やテキ屋の手伝いをした。これが後の寅さんスタイルの原型となる。地元の高校から中央大学に入学するが、船乗りを志して退学、母親の大反対で船乗りを断念、伝手を頼って旅回りの一座に入って喜劇俳優の途を歩むことになった。本名田所康雄、最初の芸名は渥美悦郎だったが、ある時座長が名前を間違えたため以後渥美清と名乗ることになった。当時のコメディアンの出世コースはまず浅草の舞台に出ることだった。

昭和二十六年（一九五一年）、浅草のストリップ劇場（百万弗劇場）の専属コメディアンとなった。客の目当てはストリップでコメディではない。「お前なんか見にきたんじゃない。早く引っ込め」という観客を飽きさせないようにするのがコメディアンの腕だ。ここでの活躍が認められ、二年後にストリップ劇場として浅草でナンバーワンであったフランス座に移った。当時フランス座には長門勇、東八郎、関敬六など後のトップコメディアンが在籍し、コント作家として井上ひさしも出入りしていた。

コメディアンとして順調に役者人生を歩むと思われた渥美清は試練に見舞われる。肺結核で右肺を切除、二年間の療養生活を送らざるをえず、復帰後は「丈夫になりたい、長持ちしたい」と人一倍健康に気を付けるようになった。酒、たばこは無論コーヒーさえ控え、摂生に努めた。渥美清の名が知られるようになったのは、昭和三十六年（一九六一年）に始まったNHKテレビのバラエティ番組「夢であいましょう」、「若い季節」にレギュラー出演してからだった。昭和三十八年（一九六三年）、野村芳太郎監督の映画「拝啓天皇陛下様」でカタカナしか書けず、軍隊を天国だと信じている無学な兵隊を演じ、好評だった。そうした渥美清を使おうとフジテレビ関係者の間で構想が練られていった。

❖「男はつらいよ」―テレビから映画に

「男はつらいよ」は連続テレビドラマから始まった。昭和四十三年（一九六八年）、山田洋次が原案を考え、脚本を書いた。主人公「フーテンの寅」こと車寅次郎は父と喧嘩して家を飛び出しテキ屋として全国を渡り歩くが、葛飾柴又に戻ってくるところからストーリーが展開する。渥美清に会って話した山田監督は落語の世界からそのままやってきたような人柄と披露したテキ屋の啖呵に驚くと同時にそれをそのまま台本に取り入れた。

ではどうして「寅さん」の舞台は葛飾柴又なのか。戦後の下町の生んだ代表的な作家早乙女勝元の出世作「下町の青春」を映画化するに際し、脚本をゆだねられた助監督の山田洋次は原作者の早乙女の家を訪れる。空襲を免れた帝釈天の参道は、軒の低い瓦屋根の店が軒を連ね、戦前の下町の面影を色濃く残していた。帝釈天の参道は全体にゆったりとカーブしていて、山門が店々の瓦の軒から少しのぞいている。それが歩くにつれて徐々に全体をあらわしてくる。その風情にひなびた美しさを感じた山田は「寅さんの物語」を作ることになり、舞台として真っ先に頭に浮かんだのが柴又だった。だがこの物語が二十六年も続くとは誰も思わなかった。

「男はつらいよ」は、昭和四十三年（一九六八年）十月三日から翌年三月二十七日まで、フジテレビ系列で放映された。すでにフジテレビは渥美主演の「おもろい夫婦」で視聴率がとれた実績があり、ヒットの予感はあった。はじめタイトルは「愚兄賢妹」が提案されたが、堅苦しいと「男はつらいよ」となった。映画と違い、妹のさくら役は長山藍子だった。最終回、寅次郎がハブ狩りで一儲けしようと奄美大島にいくが、ハブに噛まれて死ぬ。「なぜ寅さんを殺したんだ」テレビ局に視聴者から抗議の電話が殺到した。これが映画化のきっかけとなった。しかし、スムーズにいったわけではない。松竹はテレビドラマを映画にすることに二の足を踏んだ。当時、映画関係者にはまだテレビドラマを「電気紙芝居」と軽視する風潮があった。山田洋次と松竹の一人のプロデューサーの説得にようやく映画化が決まったのは翌年のことであった。

第一作「男はつらいよ」は、倍賞千恵子演じる異母妹さくらと叔父夫婦が住む葛飾柴又の草団子屋に寅次郎が二十年振りに戻ってくるところから始まる。寅次郎にとって頭が上がらないのが、柴又題経寺の住職、笠智衆扮する御前様だ。御前様の一人娘冬子は寅次郎の幼馴染、新派の光本幸子が演じた。「寅ちゃん、寅ちゃん」と久しぶりの再会に親しく接してくれるが、愛情と勘違いした寅は相手に婚約者がいることを知って愕然とする。「寅さん」シリーズ失恋第一号である。

第一作は昭和四十四年（一九六九年）八月、お盆の時期に封切られた。観客動員は五十四万三〇〇〇人だった。「男はつらいよ」第一作が世に出たこの年は、一月の東大安田講堂を封鎖し立てこもった過激派学生を排除した「安田砦攻防戦」を機会に大学紛争もようやく沈静化に向かい、学生はしらけムードとなり、世間ももういいかげんにしろとの雰囲気がでてきたなかでの「寅さん」登場であった。ひとびとは明るいニュース―七月アメリカのアポロ11号が人間を乗せ初の月面着陸に成功など―を求めていた。

第一作の好評にその年の十一月には早くも「続・男はつらいよ」が封切られた。生みの母親にミヤコ蝶々、高校時代の恩師に東野英治郎、マドンナに佐藤オリエと芸達者を揃え、これもヒットした。

映画会社にとってヒットするシリーズほど有り難いことはない。東宝の「若大将シリーズ」(加山雄三)、大映の「座頭市シリーズ」(勝新太郎)、日活の「渡り鳥シリーズ」(小林旭)がその典型である。しかし、主演の俳優が歳を取り動きが悪くなったり、内容が時代に合わなくなると制作を中止せざるを得ない。しかし「男はつらいよ」の主人公車寅次郎はサザエさんと同じく歳をとらない。しかもロケの舞台は全国各地におよび、寅さんが好意を寄せるマドンナも毎回代わり、変化といえば妹さくらの息子満男が成長し、ガールフレンドとの仲を寅おじさんが取り持つといった程度である。

だが、山田監督も渥美清も「男はつらいよ」だけにかかわっていたわけではない。山田は「故郷」(一九七二年)、「同胞」(一九七五年)、「幸福の黄色いハンカチ」(一九七七年)のような秀作を世に送り、一方渥美清も「ああ声なき友」(一九七二年)、「八つ墓村」(一九七七年)などで主役を演じるが、「八つ墓村」の私立探偵金田一耕助で画面に登場すると映画館の観客から笑いが起こった。寅さんの金田一耕助だったのだ。年二回の「男はつらいよ」が定着すると渥美清=寅さんのイメージが定着し、他の役は出来なくなっていった。

❖ 渥美清=寅さんの定着

山田洋次の描く「男はつらいよ」—寅さんシリーズはなぜ皆に愛され、かくも長い間に渡って四十八作も世に送ることができたのであろうか。

第一は、日本の原風景がそこに再現されていることだ。貧しいが家族の団欒《だんらん》があり、お互いに相手を気遣う近所付き合いがある。とらやのおいちゃん、おばちゃんとさくらはいつも寅次郎に振り回されるが、裏の印刷屋のタコ社長梅太郎はさくらの夫博の雇用者である前に身内同然の存在だ。ここには血のつながり以上ものがあるのだ。第六作のヒロイン（若尾文子）はいう、「私、何だかここに来てほっとしてるの。人間が住んでいる所って気がしてね。だから昨夜は久しぶりにぐっすり眠れたわ」。

第二は、葛飾柴又からカバン一つで旅に出る寅次郎、そこには、都会と遠く離れた地方での生き様がある。第八作「寅次郎恋歌」では、高知で夫なきあと、喫茶店を開く小学生の息子を育てているけなげな女性（池内淳子）に寅はしみじみと語りかける。

「……行き当たりばったりの飲み屋で不愛想な娘相手にキューと一杯ひっかけましてね。駅前の商人宿かなんかの薄いせんべい蒲団にくるまって寝るとしまさァ。なかなか寝つかれねえ、耳に夜汽車の汽笛がボーッと聞こえてきましてね。朝、カラコロ下駄の音で目が覚めて、あれ？　俺は今いったいどこにいるんだろう。ああ、ここは四国の高知か。そんな時に今、柴又じゃ、さくらやおばちゃんたちが、あの台所でみそ汁の実をコトコトきざんでいるんだな、なんて思ったりしましてね」

第三は、毎回登場するマドンナの顔触れだ。京マチ子、池内淳子、香川京子、岸恵子といった大女優からアイドル系の伊藤蘭、榊原るみまで未亡人、学校教師、ツアーコンダクター、売れない歌手などさまざまな役柄で起用し、最後は寅さんが振られてまた旅に出る、その筋書を楽しめることである。

葛飾柴又に「寅さん記念館」がある。柴又駅を降り、駅前の「寅さん像」（最近さくら像も建てられた）をみて参道を過ぎ、帝釈天題経寺にお参りして歩くこと約五分、記念館にたどり着く。

「わたし生まれも育ちも葛飾柴又です。姓は車、名は寅次郎、人呼んでふうてんの寅と発します」

あの啖呵がいまにも聞こえてくるような「男はつらいよ」関連のさまざまなものが展示され、われわれを「寅さんの世界」へ誘《いざな》ってくれる。実際に撮影で使用された草団子屋「とらや」のセット、寅さんの衣装やトランクなど映画ゆかりの品々、歴代マドンナの名場面に接することもできる。平成九年（一九九七年）にオープンして二十年、入館者は四五〇万人を突破した。「寅さんサミット」も柴又で時折おこなわれ、多くの人が集まる。「寅さん」はわれわれ心の中に永遠に生きている。

【参考文献】
長部日出雄『邦画の昭和史―スターで選ぶＤＶＤ１００本』（新潮新書）（二〇〇七年、新潮社）
山田洋次『男はつらいよ（全５巻）』（ちくま文庫）（二〇一〇年、筑摩書房）
吉村英夫『松竹大船映画―小津安二郎、木下恵介、山田太一、山田洋次が描く〝家族〟』（二〇〇〇年、創土社）

青木功とゴルフ

国際舞台に
登場した
日本人ゴルファー

青木《あおき》　功《いさお》（一九四二〜　）

千葉県生まれ。中学卒業後キャディとなり腕を磨く。一九七八年から四年連続賞金王。尾崎将司・中嶋常幸とともにAON時代を築いた。一九八〇年六月、全米オープンにおける〈帝王〉ジャック・ニクラウスとの優勝争いで世界の舞台へ躍り出た。通算五一勝。現在は日本ゴルフツアー機構（JGTO）会長。

❖「ジャック・イズ・バック」

一九八〇年六月十五日、ニュージャージー州スプリングフィールドのバルタスロールゴルフクラブは異常な雰囲気に包まれていた。全米オープン最終日、首位を行く〈帝王〉ジャック・ニクラウスに一人の日本人ゴルファーがぴたりと付いて離れない。青木功であった。初日、二日といいスコアで回る東洋からきた未知のゴルファーＩＳＡＯ ＡＯＫＩをアメリカのアナウンサーやキャスターは「アイ・サ・オ〜エ・オ・キ」と紹介した。だが、三日目、そして最終日の四日目になってもスコアを崩さない青木を彼らは「イサオ・アオキ」と正確に呼ぶようになった。

最終日、他のプレーヤーがつぎつぎと脱落するなかで、優勝争いはニクラウスと青木に絞られた。残り二ホールを残してニクラウス36、青木38の二打差。十七番ホールは全米オープンのコースのなかではもっとも長い六三〇ヤード、パー５だが、バーディがとりにくい難所だ。ギャラリーの「ジャック・イズ・バック」の大声援を受けてドライバーから弾かれたニクウラスのボールは二七五ヤードまで飛んだ。ギャラリーはじめコースの周囲はニクラウス応援一色である。

これには理由があった。一九七八年の全英オープンで優勝して以後、デビュー以来逃したことのないＰＧＡツアーではじめて優勝０に終わるなどみじめな成績しか残せなかった一九七九年。四十歳という年齢、ほとんど風の吹かないオハイオ州から毎日のように風が吹くフロリダ州に転居し、強い風の吹く場所でのゴルフによってスイングが変わったことなどが不振の原因であった。「ニクラウスの時代は終わった」とまで言われるなか、スイングの改造に挑戦し、ようやくそれが身についた〝カムバック〟での試合だったのだ。この十七番ホールの模様をニクラウスは次のように回顧している。

——独特のフォームで難しいパットを次々と沈めていく青木を二打差でリードしながら首位で迎えた最終日。パー5の十七番ホールで重大な選択を迫られた。すでに青木は三打目カップから五フィートにつけている。彼がこのバーディ・パットを外すはずがない。私の二打目はホールまで残り八十八ヤード。勝利を確実にするため、二打差のまま最終ホールに向かうには第三打が極めて重要である。使うクラブはピッチングか、サンドウエッジか。少し悩んだ後、勝負時にはアドレナリンが多めに出ることを頭に入れて、私は小さい方のクラブを選ぶ。その年で最もシビれたショットは狙い通り、カップ右側の二十二フィートへとボールを運んだ。そのバーディ・パットを執念でねじ込んだ私は青木を抑えて優勝——

一方の青木は何を考えてプレーしていたのであろうか。

——「ジャック・イズ・バック、ジャック・イズ・バックってうるさいんだよ。青木だって来てるじゃないか」。最初はそういう感じだった。しかし、途中から「ジャック・イズ・バック」というのが「アオキガンバレ、アオキガンバレ」という風に聞こえるようになった。気持ちに上で吹っ切れているから「うるさいなあ。ジャック、ジャック言わず、たまにはアオキと言ってみろよ」と楽しむ感じだった。

最終ホール、サンドウエッジで放った第三打がカップをかすめ、あわや入りそうになった。ニクラウスも肝を冷やしたと思う。あの時、あれが入っていたら、私はあの群衆に踏みつぶされて殺されていたのじゃないかと思った。それほどファンは興奮と熱狂の渦だった。……2パットでも優勝なのに、ニクラウスが三メートルくらいのバーディパットを全神経を集中して入れた。四度目の全米オープン制覇である。ギャラリーが大歓声をあげながら、なだれ込まんばかりに押し寄せてきた。場内整備員が制止したが止めようがない。まだ私の一メートル前後のパットが残っている。そのときニクラウスは、押し寄せ、グリーンになだれ込む群衆に対して両手をパッと高くあげてギャラリーを押しとどめた。

自分もこの混乱の中で、最後の一メートルのパットを外しても二位であることに変わりはないが、外したら王者ジャックのゴルフに傷がつくと思い、しっかりと決めた。その瞬間、私も勝ったような胸を揺する感動があった。それから、四十歳の限界説を乗り越えたニクラウスの二年ぶりの勝利に、本当の祝福の嵐が巻き起こった。

まさにドラマだった。緊迫感に包まれた四日間。世界のひのき舞台で帝王ニクラウスと回り、完全に自分を出し切れたという高揚感だろう――

世界に羽ばたいた青木はどのような経歴をへてプロゴルファーとなったのであろうか。

❖ 青木功の生い立ち

青木は太平洋戦争が始まった翌年の昭和十七年（一九四二年）八月三十一日に千葉県の我孫《あび》子《こ》市で生まれた。実家は貧しい農家で功は四人兄弟の末っ子だった。地元で末っ子は「猫のしっぽ」といわれる。両親も兄弟も体は大きくなかったが、功だけはこどもの頃からずば抜けて背が高かった。こどもの頃は喧嘩ばかりしているガキ大将だった。

小学校二年の頃から三角ベースなど草野球にはまっていたが、我孫子中学で野球部に入部した。投手と一塁の掛け持ちで、投手では抑えとして短いインニングを任されることが多かった。中学三年の時、あとひとつ勝てば県大会という試合。九回裏、1―1の同点で2アウトランナー一、三塁。カウント1ボール2ストライクの場面で登板した。三塁走者がホームスチールをしそうな予感がして二、三度牽制球を投げた。ところがセットポジションに入る直前、一瞬の隙をつかれてスタートに切られ、まずいと思って投げたボールをキャッチャーが後ろにそらしてサヨナラ負けとなった。たった一球で敗戦投手。「もう野球はやめた」と家に帰るとユニフォーム、グラブ、スパイクなどすべて灯油をかけて燃やした。野球の実力も東京の高校から推薦での進学の話がくるほどだったが、ゴルフで大成したことを考えると「やっぱり、お前は野球に向いてないよ」と野球の神様が思ったのかもしれないという。

野球をやめてすっかり暇になった。小遣もないし、なにかないか探していると、家の近くの我孫子ゴルフ倶楽部でキャディーをやると一日に五十円から八十円をくれるという。公衆浴場の料金十五円、かけうどん一杯一四〇円の時代である。学校が休みの日は入りびたり、土曜日に学校をさぼってアルバイトに精を出し大目玉を食ったこともあった。やがて中学に進学した青木は相変わらずキャディーを続けていたが、あるゴルフ客と運命の出会いが、青木のプロゴルファーへの道を拓くことになった。

年配のメンバーでよくチョロをする関西なまりの老紳士だった。野球でカーブやシュートを打ち返した経験から止まった球をまともに打てずチョロをするプレーに、つい「ぷっ」と笑ってしまう。先輩キャディーから「お金をもらっているんだからお客さんの失敗を笑っちゃだめだよ」とたしなめられたが、三回も四回もこのお客さんについて回るごとに「ぷっ」とやる。「わしかてな、一生懸命打っとんね。そんなに笑うことあらへんやろ」。ある時「ほな練習場へ行くで」といわれた。ボールを置くと「お前打ってみい」といわれる。「キャディーは打ってはいけないことになっています」、「ワシは食堂委員長や、わてがええと言うたら打て！」

青木はアルバイトでキャディーをやっていたが、クラブを握ったこともなかった。野球のバットを振る感じで振るとなんと空振り、しかも尻もち寸前の大空振りだった。これが後の国際的に活躍するプロゴルファーの初スイングであった。「ほら見い。当たらんやろ。わしは当ったで」。「クソーッ」と思った。続けて打ったが、まともにボールが前に飛ばない。ゴルフへの熱い思いが兆した瞬間であった。この老紳士は新橋の老舗の料亭「金田中」の創業者岡副鐵雄。「お前がプロになったらケニス・スミスを買うてやるから頑張りや」と励まされた。ケニス・スミスといえば高級クラブだった。

我孫子中学を卒業した翌日から東京の足立区にある河川敷ゴルフ場「東京都民ゴルフ場」に出勤することになった。なんと我孫子ゴルフ倶楽部の専属だった林由郎がこの都民ゴルフ場にヘッドプロとして移籍してきた。だが、当時の青木はプロゴルファーになるなど考えたこともなかった。都民ゴルフ場を一年足らずでやめ、我孫子ゴルフ場でコースの売店に飲み物や荷物を運ぶ仕事にありついた。幸い林プロが我孫子に戻り、仕事そっちのけで隠れてゴルフにとりつかれている青木にキャディーになる道が開けた。日給八十円であった。

キャディーをやりながら腕を磨くうちにプロテストを受けることを意識しはじめた。それまで他人のクラブや仲間内で同じクラブを共同で使っていたが、ようやく工面して自前のクラブを手に入れ、プロテストに挑戦した。昭和三十七年（一九六二年）のことであった。なんと最終日の十八番ホール、ダブルボギーでも合格したのにトリプルボギーを叩いて一打差で落ちた。気持ちの弱さを痛感した。

自分に試練を与えようと居心地の良い我孫子から飯能ゴルフ倶楽部に移った。研修生となって、スイングの改造に取り組み、再度受験したプロテスト、ようやく合格したのは昭和三十九年（一九六四年）、東京オリンピックの年であった。

❖ 予選落ちが続き、やっと芽が出た—そして世界へ

プロになると最低の給料が出るが、試合に出て賞金を稼がなければ意味がない。関東プロゴルフ選手権にトライしたが、予選落ちが続く。競輪、競馬などギャンブルにのめりこむ生活となった。あっという間に、三、四年が経った。こうした折、我孫子でキャディーをやっていたころお世話した国際興業の副社長から「クラブ契約」の話が持ち込まれた。国際興業はアメリカのクラブメーカー「パワー・ビルト」の総代理店で契約プロを探していたのだ。クラブを使用するだけで十分、青木は契約金はいらないといった。やがて、青木の飛距離と曲がりの大きさにスケールを感じたという日本ダンロップ（現・SRIスポーツ）から「ダンロップのウエアとボール、自由に使ってください」との有り難いオファーがあった。だが、ゴルフは進歩しない。腐ってボウリングにのめりこんだ時期もあったが、救いの神が現れた。仙川ゴルフ場の経営者が「レッスンはしなくていい。生活費の面倒も見る。好きなゴルフだけやって賞金を稼げ」と誘ってくれたのだ。ゴルフ漬けの毎日が始まった。クラブの月例コンペで三連勝して自信をつけた。

成果は昭和四十六年（一九七一年）六月、横浜カントリークラブでおこなわれた関東プロゴルフ選手権での優勝となって現れた。二十九歳目前、プロ入りして七年、遠回りした上での初優勝であった。だが、青木のゴルフには致命的な問題があった。手首が強く、若さにまかせて飛ばそうとすると大きく左に曲がる。フックボールで大魚を逃すことが相次いだ。我孫子中学

の同級生だったプロを相手にフックをスライスに直す特訓に挑戦した。球筋を変える合宿をおこなった。長年親しんだ球筋を変えるのは簡単ではない。下手をすると選手生命まで失いかねないのだ。何百球か打つ。スクエアに戻したグリップがいつの間にかストロングに戻っている。接着テープでグリップをぐるぐる巻きにした。手が固まり手袋が抜けない。鋏で破く。食事をしようにも箸も茶碗も持てない。ご飯に味噌汁をかけ流し込んでもらう。連続四、五時間ぶっ通しでひたすら固めた手でボールを打つ。どれほど打ったかわからない。やっとスライスができた。こうやればフック、こうすればスライス、苦心の末得たのは体の動きだった。

スライスを覚え、飛距離は落ちたが「点」で攻めるゴルフを覚え、スコアは急激に改善された。昭和四十八年（一九七三年）には五つの大会、翌昭和四十九年は四大会と勝つ機会が増え、昭和五十三年から五十六年にかけて四年連続日本ツアー賞金王となり、日本を代表するプロゴルファーとなった。

青木のゴルフを飛躍させたもう一つの要因は強力なライバルの出現であった。尾崎将司。徳島海南高校時代選抜に出場、エースで四番を打って優勝し、鳴り物入りで西鉄ライオンズ（現西武ライオンズ）に入団。プロ野球選手としては、活躍できず四年シーズンでユニフォームを脱いだが、ゴルフにのめりこみ、たった一年でプロテストに合格した逸材であった。ジャンボをニックネームとし、青木が初優勝した昭和四十六年に早くも五勝するなど、マスコミの寵児となった。「若造に負けてたまるか」青木の闘志に火が付いた。

尾崎が国内を中心にプレーしたのに対し、青木は積極的に海外にも挑戦した。優勝回数八十五勝のうち、海外シニア九勝、海外グランドシニア三勝がそれを物語っている。英語が苦手な青木を支えたのは再婚したチエ夫人だった。

こうした青木の長年の努力は、二〇〇四年の世界ゴルフの殿堂入りとなって報われることになった。フロリダ州セント・オーガスティンにあるワールド・ゴルフ・ホール・オブ・フェイムでおこなわれた殿堂入りの式典。過去の偉大なプレーヤーと並ぶ栄誉を与えられた青木はスピーチを求められた。

「貧しい農家に生まれた私にとって、広い世界を自分の目で見たいというのは大きな夢でした」と少年時代の思い出からはじめ、ニクラウスとの死闘を語り、次のような言葉で締めくくった。

「サム・スニードは、この世界で勝てないものは三つある。雷とベン・ホーガンと下りのパットと言ったそうです。私にとって下りのパットはさほど怖くありませんが、ジャックとチエにはいまだに勝てません」。会場はどっと沸き、笑いと拍手に包まれた。最後につけ加えたのは娘へのメッセージだった。

「私のわがままでマミーまで独占してさみしい思いをさせてしまった娘のジョエンに」と言葉が途切れ「ありがとう。アイ・ラブ・ユー・ジョエン」でスピーチを終えた。満場の拍手を送られ、壇上を降りた青木、展示スペースには愛用の爪切り、マージャン牌、ＰＧＡツアーハワイアンオープンで優勝した時使用したピッチングウエッジが飾られ、ロッカー風の扉には「Abiko Chiba Japan」の文字が記されていた。

青木功、七十四歳、「人を育む」の理念を掲げファンやスポンサーに対する礼儀をわきまえ、プロとしての技を見せることを目的とした「日本ゴルフツアー機構」（ＪＧＴＯ）会長を引き受けるなど後進の育成、ゴルフの普及に情熱を燃やしている。

【参考文献】
青木功『青木功・プレッシャーを楽しんで—私の履歴書』（二〇一〇年、日本経済新聞社）
ジャック・ニクラウス『帝王ジャック・ニクラウス—私の履歴書』（二〇〇六年、日本経済新聞社）
久保田誠一『日本のゴルフ１００年』（二〇〇四年、日本経済新聞社）

羽生善治と将棋

日本の将棋界を変えたスーパースター

羽生善治《はぶよしはる》（一九七〇～　）

埼玉県生まれ。一九八二年小学生名人戦で優勝。中学三年で四段となりプロデビュー。十九歳で当時の最年少記録で「竜王」位を獲得。数々のタイトルを奪い、一九九五年に史上初の七冠達成。相手を幻惑する妙手、巧手は「羽生マジック」と呼ばれる。タイトル獲得は通算九十八期。十九世名人の資格を持っている。

❖ 七冠達成

「負けました」

谷川浩司王将が投了した。隣の部屋に控えていた記者、カメラマンなど二二〇人を超す報道陣が対局室になだれ込む。日本将棋史上空前絶後と思われる羽生善治《はぶよしはる》の七冠達成の偉業がなされた瞬間であった。平成八年（一九九六年）二月十四日、時計は午後五時六分を示していた。

この一局がいかに世間の注目を集めたか。第四十五期王将戦、タイトル保持者谷川王将相手に挑戦者として臨んだ羽生は三連勝、山口県〈マリンピアくろい〉での第四戦が開始された。勝敗が決まる二日目が開始された二月十四日朝、二月中旬でスポーツ関係のビッグイベントがなかったとはいえ、ほとんどのスポーツ新聞が一面を使って「羽生、今日七冠達成か」と伝え、NHKテレビが衛星放送で午前九時からニュースの時間を除き、この対局を終局まで中継したことにも示されていた。

七冠に挑んだ羽生は風邪をひいて体調は万全とはいいがたかった。したがって七冠を達成した瞬間も風邪のため頭がボーッとしていて、正直言って「早く休みたいな」と思っていたという。偉業達成の実感はなかった。本当に実感がわいてきたのは就任式のときであった。

七冠とはプロの将棋に設定されている七つのタイトル戦―竜王戦、名人戦、王位戦、王座戦、棋王戦、王将戦、棋聖戦のすべてのタイトルを独占することをいう。一つのタイトルを獲ることさえ至難のこの世界で七つの棋戦をすべて制することがいかに難しいことか。野球でいえば、打率、ホームラン、打点の三冠に最多安打、出塁、盗塁、守備を加えた七冠に匹敵する。

羽生はこの一年前にも七冠に挑んだ。相手は今回と同じ谷川との王将戦であった。第二局を前に発生したのが阪神淡路大震災であった。神戸で被災した谷川は「延期してもよい」との声に耳を貸さず、王将戦を続行、三勝三敗から最終戦に勝ってタイトルを渡さなかった。

これで羽生の七冠挑戦は二、三年後になると思われた。七冠を達成するには他の六つのタイトルを防衛することが前提だ。なんと羽生はそれをやってのけ、一年後に再びこの難事の舞台に登場し、快挙を成し遂げたのであった。

ちなみに、現在は叡王戦もタイトル戦となり、〝八冠〟を要する。

❖ 羽生の生い立ち—「恐怖の赤ヘル少年」

前人未到の七冠を達成した羽生は、どのような経歴を経て将棋界の頂点に立ったのであろうか。

羽生は昭和四十五年（一九七〇年）九月、埼玉県所沢で生まれた。両親は将棋にはまったく関心がなかった。幼稚園に入る頃一家は八王子に引っ越した。将棋を覚えたのは六歳の時、友達の家に遊びに行ったのがきっかけだった。はじめは相手の駒を縦や横にはさんで取る「はさみ将棋」やすごろくのような「まわり将棋」だったが、やがてルールを覚え「本将棋」をやるようになった。両親に頼んでマグネットの将棋盤と駒、あわせて大山康晴名人の『親と子の将棋教室』という本も買ってもらった。ジュニア向けの本で基本的なルールや戦法が解説してあり、親が将棋に関心がないので一人で読んで勉強するようになる。しばらくすると、これまで勝てなかった友達やクラスメイトに勝てるようになり自信を持った。

二年生の夏休みに地元八王子市の子ども将棋大会に出場したところあっという間に負かされ、ガタガタと自信が崩れた。しかし「将棋っておもしろいな、続けたいな」との気持ちが強くなり、八王子将棋クラブに通うようになる。このクラブ—道場はこどもも多く、誰でも気軽に入れる雰囲気だった。席主は、羽生の才能を見抜いた。小学校二年の羽生を十五級と認定し、勝ったらすぐ昇級することでやる気を引き出してくれたのだ。羽生が他の子と違ったのは自分の指した将棋の記録「棋譜」を付け、新聞の将棋欄を見るとその日の「終了図」から「次の一手」を考えるといった勝負のポイントを把握していったことだった。

あっという間に強くなった羽生は、小学校三年で初段、四年生の十月に四段、五年生で五段と大人に交じってもアマの強豪の実力を持つに至る。こどもを対象とした各地の将棋大会に参加することにした。いつもかぶっていた広島カープの赤い帽子とその強さから〝恐怖の赤ヘル少年〟と呼ばれるようになる。初めて出場した全国大会は昭和五十三年（一九七八年）八月、東京日本橋の東急デパートで開催された「将棋まつり」であった。小学校低学年の部に出場し、準優勝。この時の優勝者は先崎学（後の九段）であった。六年生の時「小学生名人戦」で優勝、NHK教育テレビの解説は谷川浩司八段、三位は森内俊之（のちの名人）と、くしくもやがて日本の将棋界を担う三人が一堂に会したのだった。

この時点で羽生はまだプロの棋士になることは考えていなかった。席主の勧めもあって二上達也九段の門下生となり、新進棋士の奨励会に六級で入会したのは昭和五十七年（一九八二年）十二月のことであった。

❖プロ棋士として――快進撃

全国からプロを目指す〝天才〟が集まる奨励会、八王子のクラブとは全く違うピリピリした雰囲気のなかでのスタートであった。入会して二ヵ月で五級へ、以後二十四連勝で一級まで駆け上がった。昭和六十年（一九八五年）、十五歳二ヵ月で四段に昇段してプロ昇格、加藤一二三、谷川に続く三人目の中学生棋士誕生となった。その後も中学生でプロ棋士となったのは渡辺明（後の竜王）、十四歳二ヵ月の最年少記録でプロ入りし目下注目を浴びている藤井聡太のたった五人しかいない。十年で卒業できればいい方で十五年以上もかかる奨励会を羽生は三年で突破した。勝敗に加え、年齢制限もあり、関西、関東合わせて数百人の奨励会員のなかから四段となってプロデビューできるのは現在では年に原則四人という狭き門である。それ以外の会員は実力をつけ資格を得るまで頑張るか、努力もむなしく二十六歳までという年齢制限によって「お世話になりました」とプロへの道をあきらめて去っていかなければならない。

プロとなると順位戦に参加する。順位戦はＡ級以下Ｂ１、Ｂ２、Ｃ１、Ｃ２の五つのランクに分かれている。いうまでもなく羽生はC2からスタートしたが、デビューから一年、早くも全棋士中一位の勝率七割四分一厘を記録、新人賞と勝率一位賞のダブル受賞となり、大器の到来を思わせた。

羽生の名が世間に知れ渡ったのは、五段の時だった。NHK杯で大山、加藤（一）、谷川、中原と現役の名人経験者を撃破して優勝、テレビによる放映と相まってその存在を強烈に印象づけた。初タイトルは一九八九年の竜王戦、多くの棋戦のなかでも最高額の賞金など名人位と並ぶランクの高い棋戦で勝利したのは、十九歳二か月のこと、当時として史上最年少のタイトル獲得者となった。

順位戦もC2組を全勝の成績で突破してC1に昇級、B2から二期連続昇級を果たし十人しかいないA級棋士の仲間入りを果たした。A級一年目で谷川とのプレーオフを制し、A級一位となって名人への挑戦権を得る。時の名人は四十九歳十一ヵ月で待望の座を射止めた米長邦雄であった。「兄貴は俺より頭が悪いから東大へいった」などユニークな発言をする異色の先輩相手に七番勝負に挑んだ羽生はいきなり三連勝。ベテラン米長がA級に昇級したばかりの二十三歳十ヵ月の若手に四連敗で名人の座を明け渡すことになるのか。世間は羽生の四連勝への期待と、かって西鉄（現西武）ライオンズが巨人相手の日本シリーズで三連敗後稲尾の連投に次ぐ連投で奇跡ともいえる四連勝で大逆転、日本一を勝ち取ったことと重ね合わせ、米長の巻き返しに期待する声が半ばした。米長は四連敗したら「将棋界から引退する」と真剣に考えたという。粘って二連勝したが、第六戦で決着がついた。羽生が将棋界のトップに位置する名人の座についたのは平成六年（一九九四年）六月のことであった。

❖ 将棋界のスーパースターになる

以後、羽生はあらゆる棋戦で勝ち星を重ねていった。その集大成が七冠独占であった。七冠を達成した翌月、雑誌の対談で知り合った女優の畠田理恵さんと結婚し話題となった。

七冠を制覇した平成七年（一九九五年）の対局数は五十五、四十六勝九敗を記録し勝率は八割三分六厘、公式戦ではないテレビ棋戦のＮＨＫ杯、早指し将棋選手権でも優勝し、〝九冠王〟となり日本将棋界のタイトルはすべて羽生のものと思えるほどであった。

だが、羽生が七冠を維持したのはわずか一六七日に過ぎなかった。棋聖戦で三浦弘行五段に敗れた羽生は「通常に戻れるのでほっとした」と語った。その後一冠に陥落した時期もあったが、いま目指すのは「永世七冠」である。各タイトルとも規定により永世称号を名乗ることができる。名人なら通算五期、竜王なら連続五期もしくは通算七期……などである。羽生は竜王を除きすべてに該当する成績を残している。引退すれば十九世名人、永世王位、名誉王座……など名乗れるということだ。残念ながら竜王だけは通算六期で止まり、目的達成まで時間がかかる。

羽生は趣味も広い。チェスを好み、英語を勉強してアメリカ、フランス、ドイツなどの国際大会に出場した。チェスは楽しむだけではない。チェスの元世界チャンピオンボビー・フィッシャーが成田空港からフィイリピンに出国しようとしたところアメリカ旅券が無効であることが発見され出入国管理法違反に問われ東京入管に身柄を拘束されていると知れば、時の小泉純一郎首相に「偉大な芸術家」の日本滞在、可能なら日本国籍を取得させることができないか直訴の手紙を出すなど具体的行動もおこなった。結局フィッシャーはアイスランドが市民権を付与し、釈放されて問題は解決した。羽生は、将棋の普及にも熱心だ。小学校の体育館に集まった小学生百人を相手にする百面指しを引き受け、走るようにして四時間かけて最後の一人まで指し切り、見守る父兄やこどもたちが感激で泣き出したこともあった。日本の将棋の国際化にも積極的に取り組んでいる。海外のアマチュア同士の対局に羽生が解説する「HABU'S WORD」を書き、英語に翻訳してイギリスで出版された。欧米のチェスファンを中心に売れ行き好調だという。

対局で忙しく、高校も通信制を利用して卒業したほどだが、脳科学者の茂木健一郎、宗教学者の山折哲雄、元オリンピックの陸上四〇〇メートルハードル代表為末大、作家の小川洋子、朝吹真理子など異なった分野の人々との対談や阿川佐和子とのトークライブにも進んで応じる。他の分野を知ることでバランス感覚養成に役立てているのであろう。

将棋の世界も大きくかわりつつある。戦法にしてもこれまでの常識を覆すものが次々考案される。藤井猛九段が開発した王を囲わず隙あらば攻めかかろうとする振り飛車の「藤井システム」、中座真七段が生み出した横歩取りで通常より高い位置に飛車を引く「中座飛車」、後手番から角交換を挑む「一手損角換わり」、角道をあえて止めない「角交換振り飛車」など昭和の時代なら「そんな将棋を指すなら荷物をまとめてすぐ出ていけ」と師匠に破門されかねない型破りの戦法だ。新しい戦法が出ればすぐその対抗策が考えられる。コンピューターで検索すればどんな対局の棋譜でも自宅で簡単に入手できる。コンピューターソフトに現役の名人が負ける時代である。新戦法の賞味期限も短い。新しい情報に支えられた若手が台頭してくる。平成二十八年(二〇一六年)の名人戦で羽生を下して名人に就任した佐藤天彦は羽生より十八歳年下、クラシック音楽をこよなく愛し、ヨーロッパ文化に関心を持つ異色の棋士である。

将棋の世界は厳しい。勝敗がすべてである。「神武以来の天才」といわれ、順位戦A級通算三十六期を誇り、名人はじめタイトル獲得合計八期の大棋士加藤一二三九段はC2まで降級し負け越してついに七十七歳で現役生活に終わりを告げ、引退せざるを得なかった。羽生より早く永世名人の称号を獲得した森内俊之九段はA級降級を機会にフリークラス転向を宣言、今後順位戦に参加しない道を選択した。

日本の将棋界に大きな足跡を刻んできた羽生も四十代半ばを過ぎた。藤井聡太四段など新勢力台頭のなかでどこまで自らの道を歩んでいくのであろうか。

【参考文献】

羽生善治『戦う頭脳』(二〇一六年、文藝春秋)
山田史生『最強棋士は羽生善治—天才の育ちと環境』(二〇〇九年、里文出版)

野茂とイチロー

日本人大リーガーの先駆者

野茂英雄《のもひでお》（一九六八〜　）

大阪生まれ。近鉄に五年在籍した後、任意引退して大リーグのドジャースに挑戦。トルネード投法で活躍、新人王を獲得した。日本人メジャーリーガーのパイオニア的存在。

イチロー（一九七三〜　）

本名・鈴木一朗。愛知県生まれ。オリックスに九年在籍。七年間連続首位打者。大リーグのマリナーズに移籍。マリナーズ、ヤンキース、マーリンズと三球団でプレー。大リーグで三〇〇〇本安打、日米通算四三〇〇本安打達成。現在も現役選手として活躍。

❖野茂の大リーグ挑戦

「野茂が大リーグだって？　無理だ！」

「大リーグはそれほど甘くないよ」

平成七年（一九九五年）一月、日本球界に別れを告げ、大リーグ挑戦を表明した野茂に日本の球界関係者は冷たかった。それも当然であった。ソウル五輪（一九八八年）に日本代表として参加、大活躍が認められ、ドラフト史上空前の八球団競合の末、近鉄に入団、平成二年（一九九〇年）から平成五年まで四年連続最多勝、最多奪三振を記録したものの、平成六年は故障のため勝利もわずか八勝に終わり、全盛期ならともかく肩に不安を抱えた状態ではかなりの冒険と思われた。

しかし野茂には「大リーグでやりたい」という強烈なモチベーションがあった。近鉄のロッカーには〝ロケット・ロジャー〟と呼ばれたロジャー・クレメンスはじめ大リーグのスタープレーヤーのベースボールカードを貼り、大リーグのマウンドに登る日を考えていたのだ。また、アマチュア時代、アメリカ、キューバなど世界のトップクラスの打者を相手にした経験も自信となっていた。近鉄退団の理由は、鈴木啓示監督との確執、信頼していた立花コンディショニングコーチの解任、複数年契約が受け入れられなかったこと……などが報道されたが、アメリカ野球に挑戦するのはかなり度胸のいることであった。同時に、野球協約によって簡単に移籍はできない。野茂が代理人と相談して選んだのは任意引退選手の道であった。自由契約なら日本の他球団への復帰も可能だが、任意引退となれば退路を断っての大リーグ挑戦である。

野茂が選んだのはロサンゼルス・ドジャースであった。これは正解だった。ドジャースは黒人選手第一号ジャッキー・ロビンソンを入団させた歴史を持ち、一九九五年当時ファームを含め傘下に十四ヵ国からの選手が在籍していた「多国籍球団」であった。またオマリー会長も親日家として知られ、野茂が入団発表の時「他の球団にはミスター・オマリーがいなかったから」と語ったほどだった。しかし当初野茂の待遇は恵まれたものではなかった。年俸は九六〇万円、近鉄時代もらっていた一億四〇〇〇万円の十分の一にも及ばないマイナーリーグ契約であった。

野茂がドジャースの一員となった一九九五年、大リーグは危機に見舞われていた。前年、オーナー側と選手会が対立、二三二日に及ぶストライキによって六六九試合がキャンセルされ、第二次大戦中でさえ行われたワールド・シリーズも中止となった。怒ったのはファンだった。「億万長者同士の喧嘩だ」、「今度はわれわれがストをやってやる」と球場に背を向けた。各球場とも空席が目立ち、テレビ中継の視聴率も落ちた。なかには球場にはやってくるが、入場はせず場外の駐車場で仲間とバーベキューをやって「ゲームは見ないぞ」と気勢をあげるファンさえ出てきた。

❖野茂の活躍

そうした危機的状況のなかで登場したのが、体を反転させる奇妙なフォームから繰り出されるフォークボールと一四五キロの重い速球で三振をとる日本人ピッチャーだった。

前年のストの影響で開幕が例年より遅れたのも野茂に幸いした。日本で痛めた肩をフロリダのスプリングキャンプでじっくり直し、オープン戦で体調を整え、万全の体調でシーズン開始に臨めたからである。

野茂の初登板は五月二日であった。以後先発で六度登板の機会に恵まれたが、勝ち星はつかなかった。野茂が大リーグで初勝利を記録したのは六月二日のことであった。地元ロサンゼルスのドジャースタジアム、この日は金曜日のナイターであった。相手は人気チームニューヨーク・メッツ、スタジアムにやってきたファンは三万一〇〇二人、満員ではなかったが五月に比べ一万人以上に増えていた。ファンがようやく球場に戻り始めたのだ。

野茂の調子はもうひとつだった。二回、メッツの四番ボニーヤに真ん中低めの速球をホームランされたが、その裏味方がすぐ同点にしてくれたのが大きかった。四回、二つの四球とボークで2アウト一、三塁のピンチを招いたが、七番打者を三振に仕留めてしのいだ。ドジャース一点リードで迎えた九回、先頭打者を四球で歩かせると、ピッチングコーチがマウンドへ向かった。投手交代である。スタンドのファンから「野茂を続投させろ」とブーイングが起こった。しかし、リードは2―1とわずか一点、代わったリリーフが抑え、2アウト、あと一人アウトで野茂の勝利、ベンチの隣のチームメイトが「ドキドキするか」と野茂の胸を押さえる。アウト！　試合終了。スタンドから「ＮＯＭＯ、ＮＯＭＯ」のコールが起こる。ダッグアウトから出た野茂が帽子をあげてスタンドのファンに応える。

一時一〇〇人を超した日本からのメディア関係者もこの日は四十人ほどであったが、テレビ、新聞はじめすべてのメディアがこの〝歴史的勝利〟を伝えた。村上雅則以来日本人投手が大リーグで勝ったのは三十年振りのことであった。この勝利がきっかけとなって、野茂は以後六連勝、渡米に当たり「無理だ」、「大リーグで通用するのか」と疑問を呈していた人々も手のひらを返したように「野茂礼賛」に変わった。

驚いたのは、日本だけではない。大リーグ関係者であった。アメリカのファンの間に「ノモマニア」が生まれ、「野茂登板予定」の試合は「トルネード投法」見たさに観客が増えた。売店では「ノモグッズ」が飛ぶように売れた。ドジャースがニューヨークに遠征し、メッツとのナイトゲームに野茂がマウンドに上がるとネット裏に背広にネクタイ姿の日本人が目立った。アメリカの球場に背広にネクタイを締めてやってくる人はいない。ニューヨーク勤務の日本人ビジネスマンであった。五時に退社し、その足で地下鉄を利用してメッツと対戦する野茂の応援にやってきたのだ。

野茂は前半戦だけで六勝をあげ、オールスターにも選ばれ、予定された先発投手の故障により、なんとナショナル・リーグの先発の役割を担い、アメリカン・リーグの強打者を相手に二回を無失点に抑えた。この模様は衛星放送で日本にもテレビ中継され、延べ二千万人が、野茂の活躍に胸を躍らせた。

オールスター以後も野茂の活躍はつづいた。この年、十三勝をあげ、チームを地区優勝に導き、新人王にも選ばれた。プレーオフで対戦したレッズの主砲ロン・ガントは野茂に握手を求めていった。

「ありがとう。君はメジャーを救ってくれた。君がいなければ、ストが終わったばかりのメジャーはさびしいものになっていた。選手は皆、君に感謝しているよ」

アメリカの大リーグ関係者は、改めて日本人選手の価値に気が付いた。
①日本人選手はまじめで戦力になる　②観客動員にプラスになる　③中継によるテレビ放映権料がはいる

❖ イチローの登場

大リーグの場合、先発投手は中四日で登板する。ということは、野茂の出る試合は五日に一回だ。野手なら毎日ゲームに出場し、日本に送られるテレビ中継の画面に登場し日本のファンを楽しませることができる。それは放映権料収入につながる。

では、大リーグで通用する日本人の野手はいるのか。いたとしても、野球協約もあり、獲得できるのか。

ここで、目を付けたのがイチローであった。平成六年（一九九四年）、オリックス入団三年目に仰木監督に見いだされ鈴木一朗から登録名をイチローとし一番に抜擢されるとヒットを量産、二一〇安打、三割八分五厘の高打率を残した。以後七年連続で首位打者を獲得、しかも守ってよし、走ってよし、三拍子揃ったプレーヤーであった。

イチローは自分の力を大リーグで試したかった。オリックス球団としては看板選手に出ていかれては困る。イチローが合法的に大リーグにいく道はあった。一九九八年に締結された「日米間選手契約に関する協定」を利用することであった。野茂がアメリカの球団へ移る際、制約を受けない任意引退の手段を代理人が〝発見し〟活用された苦い教訓から、日本球界とMLBの間で話し合いがもたれ、協定が作成された。イチローは累計九年日本の球団でプレーした選手に与えられる「FA選手」の資格を得て自分の意志でアメリカへ渡ることができる。FAでない選手が大リーグへの移籍を希望した場合を想定してできたのが日米間の協定―ポスティング・システムである。イチローを希望する大リーグ球団が入札し、最高値を提示した球団が交渉権を獲得する。イチローとの間に交渉を成立させたのは、一三一二万五〇〇〇ドルを提示したシアトル・マリナーズであった。オリックスはイチローを手放すことによって、提示された金を受け取ることで解決した。

シアトルはアメリカ西海岸の一番北にあり、カナダとの国境も近い。かつては日本人移民も多く住み、静かないい街だ。しかし、スポーツ関連では、フットボールのシーホークスは強豪チームだが、マリナーズは歴史も浅く、ヤンキース、ドジャース、レッドソックスといった人気球団とは観客動員でも大きく差をつけられていた。

イチローの挑戦に日米とも大きな期待はしていなかった。日本在住で野球をテーマに日米文化摩擦を分析して評判となった『菊とバット』の著者ロバート・ホワイティングは月刊『文藝春秋』二〇〇〇年十二月号に「イチロー君、大リーグは甘くないぞ」を寄稿し、次のように書いた。

イチロー自身も「あーあ。アメリカにきてなければ今ごろはまだ日本のスーパースターでいられたのに」と後悔しているかもしれない。来年の今ごろ、僕がこの誌面で平謝りに謝っているか、忘れずにチェックしてほしい。

マリナーズのピネラ監督も「打率は二割八分から三割、盗塁は二十五から三十はしてくれるのではないか」と記者団に語った。

そういわれるのも無理はなかった。いくら日本で七年連続首位打者の実績があるとはいえ、大リーグのパワーピッチャーを打ち崩せるのか、時差が三時間もあるアメリカ大陸を転戦するタフなスケジュールに対応できるのか……など野手として毎日試合に出続ける厳しさがあの華奢に見える体格で耐えられるのかがその根拠であった。

スプリングキャンプに参加したイチローは、はじめはレフト方向にばかり打っていた。ピネラ監督の「引っ張ることができるか？　バットスピードが見たいんだ」との言葉に、にこっと笑ったイチローは二イニング後、アリゾナのスタジアムの右中間にホームランを放り込んだ。この時点でピネラは彼の特別な才能に気づいたのだった。

❖ イチローの活躍

イチローのデビューは、四月二日、オークランド・アスレチックス戦であった。第四打席センター前ヒット、第五打席バントヒットで五打数二安打、上々のスタートを切った。以後の活躍は目を見張るものがあった。四月、五月と連続月間新人MVPを獲得、日本のテレビも連日イチローの活躍を衛星放送で伝え、「イチロー・フィーバー」を巻き起こした。

イチローには思わぬ運にも恵まれた。この年のオールスター戦がシアトルで開かれたのだ。アメリカのオールスターは三十球団の本拠地を順番に回り、しかも一試合しかやらない。従ってシアトルでの開催は三十年に一度という計算になる。なんとイチローがマリナーズに入団したその年に地元シアトルでのオールスター開催は実にラッキーであった。しかもこの年から海外からのファン投票が認められ、日本から大量のイチロー票が見込まれた。なんとイチローの総得票は三三七万、日本からの六八万を除外しても二六九万票は両リーグ通じての最多、イチローの実力と人気がアメリカのファンにも認められたことを示していた。

オールスターゲーム―アメリカン・リーグのトップバッターとして登場したイチローは満員のファンとテレビで見守る日本のファンの期待に見事に応えた。〝ビッグ・ユニット〟の愛称を持つ二メートルを超す長身から快速球を投じる左腕ランディ・ジョンソンからいきなり内野安打を放ったのだ。ジョンソンはかってマリナーズに十年在籍し、当時の背番号51をイチローが付けたこともあって特別な関心を呼ぶ対決であった。この試合、イチローは盗塁も成功させ、走力も披露しファンを満足させた。

大リーグ一年目、イチローはマリナーズを地区優勝に導いたのみならず、打率三割五分を記録、五十六の盗塁を決め、守備でもライトを守り次の打者のライト前ヒットで三塁を狙った一塁ランナーを矢のような送球で刺し「レーザービーム」といわれるなど攻、守、走三拍子揃った才能を披露した。その結果、首位打者、盗塁王、MVPなど六つの賞に輝いた。

こうしたイチローは「アメリカの野球をベーブ・ルース以前に戻した」と言われた。ルースが登場してから、大リーグはホームランを打つ選手がヒーローであり、ファンもホームランを期待した。だが、イチローは、俊足を活かしての内野安打、右に左に打ち分ける広角打法、外野の守備範囲の広さと強肩、失敗の少ない盗塁などホームラン一発とは違う野球の面白さを改めて伝えてくれたのだった。

イチローの凄さは、大リーグに挑戦して以来、成績はいうまでもないが、一度もプレーによる怪我や故障に見舞われたことがない点だ。二〇〇九年、WBCに日本代表として参加し、期待の大きさが重圧となり、胃潰瘍になり開幕ゲームから何試合か休んだのが例外で、それ以外十七年間故障者リストに入ることなく過ごしてきた。四十歳をすぎても肩も足も衰えず、矢のような送球、ベースランニングを保っている。これは、健康管理、体力の維持に万全を期している結果にほかならない。起床から就寝までほぼ同じ行動パターンを繰り返す。夜七時開始のナイトゲームなら三時ぴったりに球場にやってきて、入念なストレッチをおこない、一二五スイング、外野をランニングし、六時十五分にバッティングゲージに入ってバッティング投手相手に打つ。このルーティンはまさにロボットのようだと、コーチやチームメイトはいう。二十七歳という年齢で大リーグに挑戦し、十六年目の四十二歳で一二〇年以上に及ぶ大リーグ史上たった三十人しか記録していない三〇〇〇本安打を達成したのは、才能に加えこうした努力の賜物である。

かつて巨人で活躍し、目下マイアミ在住のウォーレン・クロマティはいう。「イチローは**Chosen One**（選ばれし者）だ」。「野球の殿堂入り間違いなし」関係者の意見は一致している。松坂大輔、上原浩治、ダルビッシュ有、田中将大、前田健太に代表される投手、その打棒によってワールドシリーズMVPに輝いた松井秀喜など日本人大リーガーに道を拓いたパイオニアは投の野茂、打のイチローであった。

【参考文献】
福島良一『日本人メジャーリーガー成功の法則』（双葉新書）（二〇一四年、）
ロバート・ホワイティング、松井みどり訳『イチロー革命―日本人メジャーリーガーとベースボール新時代』（二〇〇四年、早川書房）
杉浦大介『イチローがいた幸せ―大リーグ関係者50人が証言する異次元体験』（二〇一六年、悟空出版）

錦織圭とテニス

日本が生んだ国際的プレーヤー

錦織《にしこり》　圭《けい》（一九八九〜　）

島根県生まれ。五歳からテニスを始め、全国選抜ジュニアで優勝。松岡修造にその才能を見いだされる。盛田テニスファンドを利用して十三歳で渡米。ＩＭＧアカデミーで頭角を現す。プロ転向後は世界各地を転戦。リオデジャネイロ五輪で銅メダルを獲得。世界ランク四位まで上がったこともある。久々に日本が生んだ国際的テニスプレーヤー。

❖ 九十六年振りの快挙

錦織の銅がテニス史掘り起こし

読売新聞の「よみうり時事川柳欄」にこんな句が載った。

二〇一六年、リオデジャネイロのオリンピックで錦織圭《にしこりけい》が銅メダルを獲得。日本人選手がオリンピックのテニス競技でメダルを獲得したのは実に九十六年振りのことであった。

一九二〇年、ベルギーのアントワープで開催された第七回夏季オリンピックに日本から参加した熊谷一弥はテニスの男子シングルスに出場、快進撃をつづけ、なんと決勝進出、金メダルを賭けて南アフリカのルイス・レイモンドと対戦した。第一セットを接戦の末7―5で先取、しかし、残りを4―6、5―7、4―6で落とし、惜しくも銀メダルに終わった。熊谷は柏尾誠一郎と組んだダブルスでも銀メダルを獲得。極東の島国日本でもテニスの実力者が出現したことを世界に印象付けた。

大正から昭和にかけての一九二〇年代に活躍したのは原田武一であった。一九二六年のデビスカップで「フランス四銃士」と呼ばれた強豪ラコステ、コシエを相次いでシングルスで破り、世界ランク七位に位置するまでになった。一九三〇年代には佐藤次郎が登場した。全豪、全仏、ウィンブルドン、全米と四大大会のシングルスで通算五回もベスト4進出、一時世界ランク三位にまで登り詰めた。しかし、一九三四年四月、重圧に耐え兼ねて遠征の船中からマラッカ海峡に身を投げ死を選ぶ悲劇の主人公となった。佐藤亡き後は山岸二郎が日本を代表するプレーヤーとなった。一九三八年のデビスカップで世界ランク三位のジョン・ブロムウイッチを6―0、3―6、7―5、6―4で破り、世界八位にランクされる実力を発揮した。

しかし、戦前の日本のテニスはここがピークであった。昭和十二年（一九三七年）七月に始まった日中戦争は長期化し、物資の不足を招いた。テニスボールは配給制となり、ボールの質も落ちた。昭和十四年には四大大会（全英、全米、全仏、全豪）への海外遠征、デビスカップへの選手派遣も中止となる。日本選手の国際舞台での活躍の道は閉ざされた。そして昭和十六年（一九四一年）十二月の太平洋戦争の勃発。「鬼畜米英」の生んだ「敵性スポーツ」としてテニスは野球とともに弾圧され、日本テニスの火は消え去る危機に直面したのであった。

長かった戦争が終わり、平和が戻ってきた。物資と食糧が不足するなかでようやく日本にテニスがやれる時がきた。昭和二十六年（一九五一年）デビスカップに復帰が許され、昭和三十年には宮城淳、加茂公成のペアが全米選手権大会のダブルスで優勝するまでになった。そして昭和三十四年（一九五九年）、明仁皇太子殿下（現天皇）が正田美智子さんと軽井沢のテニスコートでの出会いがきっかけとなってご成婚にいたる「テニスコートの恋」が話題となり、テニスブームが起こった。日本人の生活も次第に豊かになり、街のテニスクラブ、大学のテニスサークルも盛んになっていった。

一九七〇年代になるとテニスのプロも生まれ、国内ツアーも大変な人気となったが、逆に苦労して海外に挑戦する日本人テニスプレーヤーは少なくなった。ここで登場したのが、松岡修造であった。松岡は経営の神様といわれた阪急グループの総帥小林一三を曾祖父に、元デ杯選手で東宝社長の松岡功を父にもつ超名門に生まれ、幼稚舎（小学校）から慶應に学び、中等部、高校とテニスをやりながら順調に進学していった。このままいけば慶應の大学に推薦で入学でき、卒業後は就職も保障されている身分であった。しかし、松岡は自らの意思であえて慶應高校二年の時テニスの名門柳川高校に転校、さらにアメリカに渡り、苦労してプロの道を選んだ。こうして松岡はウィンブルドン選手権でベスト８に残るなど久々に世界に通用する日本人のテニスプレーヤーとなった。この松岡の存在が錦織圭に大きく影響することになる。

❖ 錦織圭の生い立ち

錦織圭は、平成元年（一九八九年）十二月、島根県松江市でテニス好きの両親のもとで生まれた。圭がはじめてラケットを握ったのは五歳の時であった。父清志さんが四歳上の姉玲奈と圭、親子三人でやれるスポーツとしてテニスを選んだのだった。週末になるとボールをいっぱいいれた篭をもって公園にいく。お父さんが一個づつしゃがんでボールを投げる。まずお姉ちゃんが打つ、拾ってくるのは圭だ。次に圭が打つ。とんでもない方向に飛んだり空振りもある。やがて二人ともラケットの中心でボールを捕らえ、思う方向に打つことができるようになった。

こうして二人は松江市内のグリーンテニススクールに入会し、テニスコートで打ち合うことになった。ここで出会ったのが柏井正樹コーチであった。柏井がテニスをはじめたのは香川の大学に入ってからだった。テニス一筋できた相手にはまともでは勝てない。体験による感覚がなければ、頭を使うことだ。ラケットがメタルやスチールになり、軽くなって面が大きくなったことも幸いしてトップスピン、スライスなど回転のあるボールを打つことが容易になった。柏井は戦術を工夫し格上の相手にも勝てるようになった。そうした柏井のもとに錦織圭がやってきたのである。柏井はストロークなど圭の技術の高さに驚くと同時に、自分の戦術に相手をはめて点を取る能力に注目した。そうした圭の能力を柏井は「勝負事」と遊び心を刺激してさらに高めていった。通常の練習の後には必ず試合形式のポイント練習を入れ、コートのベースライン付近にベンチを置いて九球中何球当てられるか、チャレンジの前に自分の目標球数を宣言して挑戦する「ナインボール」など楽しみながら上達するやり方をつぎつぎ実行していった。

こうして着々と力をつけた圭は小学校五年の時、中国大会において優勝候補で体格もまさる六年生をストレートで下し、小学校最後の年、中国地方代表として全国選抜ジュニアの十二歳以下の部に出場した。この大会で優勝した圭のプレーをじっと見ていたのが松岡修造であった。

選抜ジュニアが終わって一週間が経ったある日、錦織家に一通の手紙が届いた。河口湖畔で行われる「修造チャレンジトップジュニアキャンプ」への招待状であった。松岡は現役引退後、将来の世界的テニスプレーヤーの発掘と養成を目指し活動していた。「世界で戦っていくためにはテニスに加え、コート内外で自分を表現できる選手が必要だ。そのためには十四歳では遅すぎる」。松岡自身海外で苦労し、絶えず怪我と戦った経験から「修造チャレンジ」のジュニアキャンプ参加資格の年齢制限を引き下げることにした。こうして圭はこのキャンプに二年連続参加。キャンプの最後に、松岡のアイディアで三十センチも身長が高く四歳も年長の高校一年と小学校六年の圭の試合を組み、ワンポイント毎にアドバイスを与えて圭を勝たせ、自信を付けさせた。

❖ アメリカ留学とテニスの進化

圭は「テニスの天才少年」として次第に世間に知られるようになった。やがて思わぬことから、アメリカへの留学のチャンスが生まれることになった。盛田テニスファンドを利用しての渡米であった。盛田テニスファンドとは盛田正明が私財を投じて作ったものだった。兄盛田昭夫が創業したソニーに入社、地方勤務、アメリカ勤務のかたわらテニスを通じて交友関係を広げ、日本テニス協会の会長を務めて気が付いたのは「日本人選手は日本では外国からの選手と対等な試合をするが、海外に出ると選手同士会話もできない、食堂でもひとりで隅の方でポツンとしている。これではだめだ」。定年後盛田ファンドを設立、アンドレ・アガシ、マリア・シャラポアなど世界的テニスプレーヤーを育てたアメリカのＩＭＧアカデミーに日本から選手を送ることにしたのだ。

選考の基準は厳しくした。全国選抜ジュニア、全日本ジュニアの十二歳以下、十四歳以下でシングルスベスト４以上か、海外在住の場合はその国の最高位の大会でベスト４以上が第一条件であった。一次書類選考、二次面接と実技の合格者は、三次選考としてアメリカのフロリダにあるＩＭＧアカデミーで二週間の短期留学を体験する。合格すると、成田から現地までの往復航空券、アカデミーの費用、遠征費や現地学校の学費が支給され、まさにアメリカでテニス漬けの生活を送ることになる。入学後は毎年レベルに合わせた課題が設定され、それをクリアできなかった場合はその年限りで留学費用が打ち切られ帰国しなければならない。

三次選考までパスした圭は、富田玄輝、喜多文明とともに三人でアメリカに向かった。平成十五年（二〇〇三年）のことであった。フロリダ州の中西部メキシコ湾に面する町ブラデントンの一角を占めるＩＭＧアカデミー。テニス以外にもゴルフ、ホッケー、バスケットボールなどの育成プログラムを持つ世界有数の施設である。五〇面以上もあるテニスコート、トレーニング用のジム、練習生のための寮、病院……とあらゆる設備を整えた素晴らしい環境のもとで三人は過ごすことになった。幸いだったのは、米沢徹という元デ杯選手がアカデミーにいたことだった。英語に慣れるため三人の寮は別々だったが、十三歳の圭にとって米沢はなによりの助けになった。二年目になると圭はめきめきと上達した。基準に達しなかった他の二人は二年が終わると帰国していった。

三年目に入り、激しい競争に勝ち残った圭は三五〇人のなかから選ばれて専任コーチが付く一〇人のエリートコースに昇格した。年間の費用は一〇〇〇万円を超える。十六歳になった圭にとって幸いだったのは世界トップクラスの選手ナダルから練習のパートナーに指名されたことだった。世界ランク上位の選手の打つボールはずしっと手ごたえがある。サーブのスピードが違う。練習を終えたあと、ナダルの叔父は錦織のコーチにささやいた。「彼は素晴らしい選手になるよ。いまでも十分トップレベルでやれる」。

圭がプロになることを宣言したのは、アカデミーで学んで五年目、十七歳の時であった。

❖ プロとしての錦織圭

「世界ナンバー1のフェデラーのような選手になりたいです。自分の武器はフォアハンド、観客にも喜んでもらえるプレーをしたいと思います」。

平成十九年（二〇〇七年）九月二十九日、大勢の報道陣に囲まれた錦織圭は、恩人でもある盛田正明日本テニス協会会長同席のもとプロ転向を宣言した。こうしてその年十月一日からプロテニスプレーヤー錦織圭が誕生した。プロ転向と同時に盛田ファンドの支援は終了する。今後はＩＭＧやソニーなどの企業とスポンサー契約を結んで、各種大会に出場し、ランクをあげて賞金を稼がなければならない。

プロに転向した圭はすぐ結果は出せなかった。プロデビュー戦は世界ランク一四五位のフライシュマンにフルセットで敗れた。慢性の腰痛にも悩まされ、ジャンプしてボールを打つ「エアＫ」などようやく自分のテニスができるようになったのは、平成二十年（二〇〇八年）になってからであった。プロとして本当の実力を発揮したのは、二月にアメリカのデルレイビーチでおこなわれたアメリカツアーであった。世界ランク十二位のブレークをランク二二四位のジャパニーズボーイが下したのだ。十六年におよぶデルレイビーチ国際選手権大会史上最年少チャンピオンの誕生であった。

「テレビでしか見たことのない選手に勝てるなんて……信じられない」

絞りだすような言葉で錦織はこの喜びを語った。

この勝利を機会に、錦織を取り巻く環境は激変した。回りを記者団やテレビクルーが囲み、インタビューの申込みも殺到した。だが、一週間後に錦織はプロの厳しさを嫌というほど味わうことになる。サンノゼでおこなわれた大会、一回戦を突破するとロディックと戦うことになる。ロディックは二〇〇三年の全米チャンピン、世界ランク六位のアメリカのナンバー１プレーヤーである。

初戦に勝った錦織を相手にしたロディックは威圧する態度にでた。錦織の強打が正面をつくと「俺を狙ったのか。それだったら当ててみろ」とどなりつける。ファーストサービスをミスした圭がふてくされてポケットから出したボールを高く上げると、すかさず「あれはセカンドサービスだろう。だったらダブルフォールトじゃないか」と審判に執拗な抗議を繰り返す。トッププレーヤーによる威嚇。それは錦織の神経をかき乱すものだった。もちろんゲームは一方的な敗退、「勝つためにはなんでもやるさ」と言い放つロディックに対し、ロッカールームで錦織はタオルをかぶって泣き続けた。

衝撃を受けた錦織に朗報がもたらされた。北京オリンピックに推薦で出場が決まったのだ。

結果を残すことはできなかったオリンピックだったが、全米オープンでベスト16、そしてストックホルム大会で四位の好成績を収め、気がつくと世界ランクの六十三位までにあがって終わった平成二十年（二〇〇八年）であった。

プロとしての活躍が期待された平成二十一年（二〇〇九年）、シーズン開幕戦から好調だった。オーストラリアのブリスベーンでの大会で一回戦、二回戦を勝ち進んだ錦織はその直後から肘の痛みに悩まされるようになった。はじめ炎症と診断され、休養したが治らない。新たな診断の結果は疲労骨折であった。三月ですべてのツアーに参加せず、遂に内視鏡による手術を日本で受けることを決心した。幸い手術は成功、以後の辛いリハビリにも耐え、半年ぶりにフロリダのＩＭＧアカデミーに帰り、十二月二十九日の二十歳の誕生日を両親、姉と三人で祝う圭には復活に備えた笑顔があった。

ゼロから出発した平成二十二年（二〇一〇年）、順位は四一七位にまで下がっていた。痛みが残るなかでのプレー、一時ランキング外にまで落ちながら、年末には九八位にまで戻す成績を残した。だがこの試練を乗り越えて錦織圭は精神的にも強くなった。その後の錦織の活躍の裏には、コーチとなったマイケル・チャンのアドバイスがあった。チャンは台湾系アメリカ人、一七五センチ、七三キロと欧米系選手に比べて恵まれない体格と人種差別を克服して全仏オープンで優勝、世界ランク二位にまで上り詰めた自分の体験を踏まえ、同じアジア系の錦織圭をある時は励まし、ある時は叱りつけ、圭を全米選手権準優勝にまで導いたのであった。

❖ リオデジャネイロ・オリンピックの快挙

錦織がオリンピックのテニス競技でメダルを獲得するチャンスが来た。二〇一六年にリオデジャネイロで開催される夏季大会である。当初錦織はこのオリンピック出場にあまり積極的ではなかった。開催地リオデジャネイロは治安の問題があり、ジカ熱の恐れもあり、ゴルフの松山英樹は早々と不参加を表明したほどだった。しかも、オリンピックで勝っても世界のランク—ATFの点数にはならない。他の公式大会と異なり、オリンピックの勝利は世界ランクに関係ないのだ。しかし、テニスの日本チームは参加を決めた。

リオデジャネイロ大会のオリンピック競技は初日の大波乱から始まった。第一シードで優勝候補筆頭のジョコビッチがアルゼンチンのデルポトロに初戦で敗退したのである。ウィンブルドンで負けても涙を見せないジョコビッチが泣きながら会場を後にする姿は「オリンピックには魔物がいる」を実感させるものであった。一方、日本勢は最初から順調だった。錦織圭、ダニエル太郎、杉田祐一が初戦突破。三日目に圭とダニエルが三回戦進出を決めた。選手村から三十分ほどの場所に日本選手専用の「ハイパフォーマンスセンター」が設置され、シェフも栄養管理士も日本から派遣された美味しい和食が食べられるなど環境も整っていた。大会初日に水泳の萩野と体操日本が金メダルを獲得したのも刺激になった。

順調に勝ち上がった圭は、準決勝でイギリスのマレーと対戦したが、完敗した。他の大会ならここで終わりだが、オリンピックには三位決定戦が翌日に設定されていた。準決勝が一時間二十分で済み、疲れを残さなかったのが幸いした。一方、メダルがかかった相手のナダルは、シングルス五試合のみにしぼった錦織に対し、ダブルスにもエントリーし十試合に出場、しかも前日には三時間を超す試合をこなし疲労の色は隠せなかった。圭は第一セットを先取、第二セットも5―2とリード、銅メダルまであと一ゲームと迫った。ここでメダルを意識したのか動きが鈍くなり逆転を許す。流れはナダルにいったと思われた。ファイナルセットに入る前、トイレットブレークからなかなか会場に戻らない錦織に普段冷静なナダルが猛抗議する。イライラするナダルに対し、圭は冷静な試合運びで第三セットをとり、遂に日本に九十六年振りのメダルをもたらしたのであった。

❖ 錦織効果

錦織圭の国際的活躍は、日本にテニスブームをもたらした。マスメディアはこぞって錦織を取りあげるようになった。二〇一四年全米オープンで錦織が決勝に進出した時、放映権を持っていたのはＷＯＷＯＷだけであった。「なぜ中継しないんだ」とＮＨＫに抗議が殺到した。翌年にはＮＨＫ、テレビ東京、テレビ朝日が地上波の中継権を獲得、いまでは錦織が出場しない大会でもナダル、ジョコビッチ、フェデラー、マレーなど世界のトッププレーヤーを含め、他の日本人選手のプレーを楽しむことができるようになった。同時に、テニスのプロになればどの位の金銭的報酬が伴うのかにも関心が集まった。「世界で最も稼ぐスポーツ選手」（二〇一五年版ランキング）で、錦織は九二位、一五〇万ドル（約一二三億円）、日本人では田中将大（ヤンキース）に次ぐ二位と報道された。同時に二〇一五年末の時点で、生涯獲得賞金がアジア選手として初の一〇〇〇万ドル（約一二億円）を突破したことも明らかになった。

錦織に刺激されて日本人の若手のなかで世界に挑戦する逸材が育ちつつある。盛田ファンドでアメリカに渡った西岡良仁、スペイン育ちのダニエル太郎、国内からも添田豪、伊藤竜馬などが力を付け、各種大会、来たるべき東京オリンピックに備えている。

問題は、テニスが他の競技に比べて、タフで故障につながる競技であることだ。時には四時間を超えるゲームでコートを走り回らなければならない。コートもハード、クレー、芝ではボールの弾み方も足腰への負担も違ってくる。またランクを維持するためには大会への定期的参加が必要であり、世界各地を転戦しなければならない。〃テニス・エルボウ〃といわれる肘の故障、疲労骨折、足腰の張りなどテニスプレーヤーは、人一倍健康管理と体のケア、痛めた箇所の回復に気を付けなければならない。度重なる怪我や故障の試練に耐え、錦織はいつか四大大会のタイトルを奪うという夢の実現に向かっている。

【参考文献】
錦織圭『ダウン・ザ・ライン』（二〇一五年、朝日新聞出版）
内田暁『錦織圭リターンゲーム―世界に挑む９３８７日の軌跡』（二〇一五年、学研プラス）
石井大裕・松岡修造・坂井利彰『錦織圭　限界を突破する瞬間』（二〇一五年、ＫＡＤＯＫＡＷＡ）

あとがき

絶滅危惧種電車のなかの読書人

ある週刊誌の川柳欄に投稿して没になった一句である。電車のなかで活字の本や雑誌を読んでいる人を見かけることがすくなくなった。新聞を読んでいる人さえ見られない。七人掛けの席で六人がスマートフォン、一人が居眠りが日常的な光景となった。かなり年齢をとった人でさえ、活字本でなく、電子ブックを利用する時代である。

いまや日本人の活字離れはすさまじいほど進んでいる。

本書のオリジナルは厚生労働省関連の産業雇用安定センターの月刊誌『かけはし』に平成二十八年（二〇一六年）五月から一年間連載した「現代日本をつくった人々」である。かつて同誌に「語られなかった戦後日本外交」を連載し、今回も同誌の編集担当者の一人、旧知のカラオケフレンドでもある茂出木幸二さんの推薦によって再び寄稿することになった。

第一回「古賀政男と歌謡曲—永遠の古賀メロディ」にはじまり、最終回「羽生善治—日本の将棋界を変えたスーパースター」まで十二回の連載は幸い好評だった。連載が終わって本にしたいと思ったが、一回二二〇〇字×十二回では絶対に分量が足りない。一項目当たりの分量を増やす、『かけはし』で取り上げなかった人物を何人か加えることを考えた。白井義男と古橋廣之進の項目はかつてNHKラジオテキスト『オリンピックと日本人』（二〇一三年、NHK出版）に掲載したものを一部利用することにした。

問題は、出版情勢きびしき折から果たして出してくれる出版社があるのかであった。教え子で近現代史研究家の波多野勝君の仲介により、連載のコピーを送って芙蓉書房出版に打診したところ、平澤公裕社長から「わが社で刊行したい」との嬉しいお知らせを頂戴した。その後、平澤社長と何度も打ち合わせをおこない、書名についていくつかの案が考えられたが、平澤社長の頭に浮かんだ第一案『あの頃日本人は輝いていた―時代を変えた24人』がまさにこちらの考えと一致し、最終的に確定した。

世界的にテロ、貧困、不況、ミサイル発射などあまり明るいニュースに接することの少ない昨今である。貧しいが希望が持てた時代、世界に向かって日本が飛躍した時代を思い、今後の日本の行方に思いを馳せながら、八十歳を過ぎて本が出せる喜びをかみしめている。

平成二十九年（二〇一七年）晩秋

池井　優

著者
池井　優（いけい　まさる）
1935年東京都生まれ。慶應義塾大学名誉教授。法学博士。専門の日本外交史のほか日米の野球の歴史にも詳しい。
著書は『三訂日本外交史概説』（慶應義塾大学出版会）、『語られなかった戦後日本外交』（慶應義塾大学出版会）、『白球太平洋を渡る―日米野球交流史』（中公新書）、『オリンピックの政治学』（丸善ライブラリー）、『藤山一郎とその時代』（新潮社）など多数。

あの頃日本人は輝いていた
――時代を変えた24人――

2017年11月15日　第1刷発行

著者
池井《いけい》　優《まさる》

発行所
㈱芙蓉書房出版
（代表　平澤公裕）
〒113-0033東京都文京区本郷3-3-13
TEL　03-3813-4466　FAX　03-3813-4615
http://www.fuyoshobo.co.jp

印刷・製本／モリモト印刷

ISBN978-4-8295-0723-0

【芙蓉書房出版の本】

スコットランドに響く和太鼓

無限響(MUGENKYO)25年の物語

ウイリアムス春美著　本体 1,700円

ニール・マッキーとウィリアムス・美雪が1995年に立ち上げた“MUGENKYO”。英国を中心に欧州各国で活動しているこの和太鼓演奏グループはヨーロッパで和太鼓を広めた草分け的存在。まもなく結成25周年を迎える「無限響」の苦闘の足跡をまとめたノンフィクション。

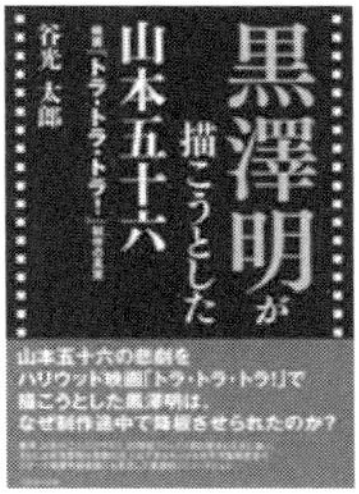

黒澤明が描こうとした山本五十六

映画「トラ・トラ・トラ！」制作の真実

谷光太郎著　本体 2,200円

山本五十六の悲劇をハリウッド映画「トラ・トラ・トラ！」で描こうとした黒澤明は、なぜ制作途中で降板させられたのか？　黒澤、山本の二人だけでなく、20世紀フォックス側の動きも丹念に追い、さらには米海軍側の悲劇の主人公であるキンメル太平洋艦隊長官やスターク海軍作戦部長にも言及した重層的ノンフィクション。

ダライ・ラマとチベット

1500年の関係史

大島信三著　本体 2,500円

現在の14世と先代13世を中心に、古代チベット王国までさかのぼって歴代ダライ・ラマの人物像を描く。明治・大正期にチベットを目指した河口慧海、能海寛、寺本婉雅、成田安輝、青木文教、多田等観、矢島保治郎らも取り上げる。

【芙蓉書房出版の本】

日米野球の架け橋

鈴木惣太郎の人生と正力松太郎

波多野 勝著　本体 2,300円

日本プロ野球の創成期に日米野球に執念を燃やし続けた一人の男がいた。昭和を駆け抜けた一大興行師正力松太郎の野望と理想の野球追求の狭間で揺れ動いた鈴木惣太郎の一生を鮮やかに描いた評伝。

はじめての日本現代史

学校では“時間切れ”の通史

伊勢弘志・飛矢﨑雅也著　本体 2,200円

歴史学と政治学の複眼的視角で描く画期的な日本現代史入門。政治・外交・経済の分野での世界の潮流をふまえ、戦前期から現在の安倍政権までの日本の歩みを概観する。

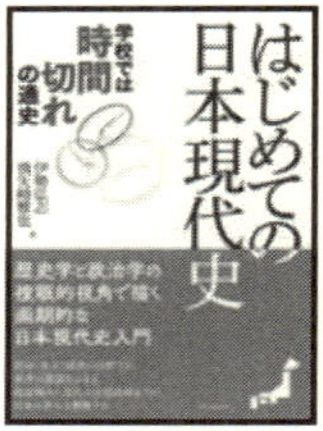

早稲田の戦没兵士“最後の手紙”

校友たちの日中戦争

協力／早稲田大学校友会

早稲田大学大学史資料センター編　本体 2,600円

これは、早稲田版「きけ わだつみのこえ」だ！

日中戦争(1937年～)で戦死した青年らの戦地からの“最後の手紙”。充実した解説と戦没校友266人の履歴と情報を新たに編集。

もどれない故郷《ふるさと》ながどろ

飯舘村帰還困難区域の記憶

長泥記録誌編集委員会編　本体 2,400円

飯舘村長泥行政区の74世帯281人の住民たちが企画。300点の写真と、大学教員、ジャーナリスト、自治体職員らによる聞き書きで構成。

【芙蓉書房出版の本】

ぶらりあるき博物館シリーズ
中村　浩著

ガイドブックに出ていない博物館、もっと知りたい博物館、ちょっと変わった博物館を、肩のこらない文章と写真で探訪。

こんなにたくさんの博物館があったのかと驚く。

著者が訪ねた博物館はなんと1300館以上！

ぶらりあるき　北海道の博物館　本体 2,200円
ぶらりあるき　沖縄・奄美の博物館　本体 1,900円
ぶらりあるき　台北の博物館　本体 1,900円
ぶらりあるき　香港・マカオの博物館　本体 1,900円
ぶらりあるき　シンガポールの博物館　本体 1,900円
ぶらりあるき　マレーシアの博物館　本体 1,900円
ぶらりあるき　バンコクの博物館　本体 1,900円
ぶらりあるき　ベトナムの博物館　本体 1,900円
ぶらりあるき　マニラの博物館　本体 1,900円
ぶらりあるき　インドネシアの博物館　本体 2,100円
ぶらりあるき　カンボジアの博物館　本体 2,000円
ぶらりあるき　ミャンマー・ラオスの博物館　本体 2,000円